● 国家社会科学基金项目13BJY078研究成果

● 本书出版得到中南民族大学中央高校基本科研业务
费专项资金、中国武陵山减贫与发展研究院、湖北
全面小康建设研究院资助

制度环境、创新能力
与战略性新兴产业发展

ZHIDU HUANJING CHUANGXIN NENGLI
YU ZHANLÜEXING XINXING CHANYE FAZHAN

刘继兵　著

人民出版社

目　录

前　言

　　2014 年我国国内生产总值 636463 亿元，GDP 同比增长 7.4%，增速创1990 年以来的新低，中国经济进入"经济增速变挡期、经济转型阵痛期、前期刺激政策消化期"三期叠加的经济新常态。改革开放以来，随着经济的快速发展，环境保护问题日益严峻。不可否认经济结构的调整和转型会面临传统行业阻碍，会遇到资金、技术、人才等多方面的瓶颈，但发展绿色经济、低碳经济，建设美丽中国是我国坚持走可持续发展之路的必然选择，是不可阻挡的发展规律。面对全球日益激烈的竞争环境和中国经济发展新常态，大力发展战略性新兴产业是实现经济转型、抢占新的国际竞争制高点的重要突破口。

　　2008 年由美国次贷危机引发的全球金融危机成为战略性新兴产业发展壮大的契机。创新活动已经由过去的一种单纯企业化行为发展成一种由政府推动和引导的社会化行为。我国政府明确提出要加快培育和发展战略性新兴产业，2010 年国务院将新能源、新材料、新一代信息技术、新能源汽车、高端装备制造、生物医药、节能环保七大产业确立为我国的战略性新兴产业。① 2012年通过的《"十二五"国家战略性新兴产业发展规划》标志着我国战略性新兴产业的发展进入了全面推进阶段。战略性新兴产业发展至今取得了显著成就，据统计显示，2014 年前十个月各大新兴产业增长势头良好，同比增速显著高于行业增速。其中电子信息制造业增加值同比增长 11.9%，软件信息服务业软件业务收入同比增长达到 20.3%，通信行业电信业务量同比增长 15.3%。②

----

①　参见《国务院关于加快培育和发展战略性新兴产业的决定》，国发〔2010〕32 号。
②　参见张于喆、杨威：《我国战略性新兴产业与高技术产业新态势》，《上海证券报》2014 年12 月 17 日。

同时战略性新兴产业通过兼并重组加快行业整合,实现规模扩张。如几大互联网巨头为抢占移动互联的市场份额而展开激烈竞争:百度全资收购糯米网,大众点评网被腾讯收购,而阿里巴巴则入股恒生电子。在高端装备制造行业,IMA 及相关的一些知识产权被均胜电子的控股子公司德国普瑞收购。中国南车和中国北车也通过合并进行行业整合增强国际竞争力。产业整合不仅有利于实现规模效应,而且有效提升了产业创新能力。比如中国南车研发的6500IGBT 芯片及其模块实现了在高端绝缘栅双极型晶体管(IGBT)技术领域与国际接轨。

虽然我国战略性新兴产业发展很快,但是处于生命周期初始阶段的任何一个产业都会遇到很多困难和挑战。科学技术的进步与创新是战略性新兴产业获得发展的核心动力。在把握市场趋势,以市场需求为导向的前提下,战略性新兴产业的发展根植于自主创新,依赖于关键核心技术的创新突破,取决于科技成果的应用转化能力。而创新能力和创新能力的提升受多种因素的影响和制约:就外在环境而言,法律制度、市场竞争环境、金融环境、政策扶持、知识产权保护、资源禀赋等都会对其造成影响;就企业自身而言,企业发展战略、管理者素质、研发投入、科研能力等因素都会制约其发展。

创新活动对于企业获得竞争优势的重要作用早已为学界所认同,而企业作为市场活动中的微观经济个体,其经济社会活动不可避免地会受到社会制度环境的影响,企业创新能力的获取、保持与提升,都需要企业与其他社会主体进行互动来引入新知识。

在此背景下,我们感兴趣的是:制度环境与战略性新兴产业创新能力之间是否存在关系?又存在着什么样的关系?构成制度环境的各类因素对战略性新兴产业创新能力的影响有何差异?研究和探索这些问题对加快我国战略性新兴产业发展、促进产业结构优化升级将有一定的指导意义。

战略性新兴产业突出一个"新",其"新"主要体现在思想理念、发展动力、发展环境、发展主体、发展格局等多个方面,其核心动力是知识的引领和创新的驱动。探究新兴产业发展过程中制度对创新绩效所起的作用及相应的传导机制,对于提升战略性新兴产业创新能力、推进我国新兴产业发展壮大、促进产业结构优化升级、引领经济包容性增长、增强我国综合实力和国际竞争力具有重要意义。

在理论上,本书构建了制度环境与战略性新兴产业企业创新能力间的关系,探讨了制度环境对战略性新兴产业企业发展的作用机理。国内外学者对创新的研究由来已久并且比较成熟,而对于与制度环境相结合而言,由于战略性新兴产业起步发展较晚,对它的研究还处于探索式的发展完善阶段,大部分都是定性研究。本书从制度环境角度入手,着重探讨制度环境中的融资结构、政府补助、债务能力、股权激励等方面对战略性新兴产业创新能力的影响,对于开拓相关研究视角起到了抛砖引玉作用。

在实践上,战略性新兴产业不仅对我国经济结构调整起到重要的引导作用,而且在未来还会发展为国家的支柱产业,那么制度环境与创新在战略性新兴产业发展壮大过程中的重要性可想而知。本书着重选取了制度环境构成中的融资结构、政府补助、债务能力、股权激励等要素,通过分别构建其与企业创新绩效的模型进而实证分析它们之间的关系,并根据实证分析结果提出有针对性的建议,有助于国家、企业等各方构建良好的制度环境以调整促进战略性新兴产业创新能力的提高,进而带动我国战略性新兴产业发展,顺利实现经济结构转型升级。

本书所采用的主要研究方法有文献分析法、定性分析与定量分析法、规范分析与实证分析结合法等。一是文献研究法。通过对国内外制度环境与企业创新绩效关系的相关研究文献进行梳理,了解这一领域的研究进展及已有成果,确立了本书的研究方向。二是定性分析与定量分析法相结合。文本既通过研究国内外战略性新兴产业的发展态势定性分析了全球新兴产业的发展趋势及特征,又通过查找、计算战略性新兴产业的统计资料,在以量化数据为支撑的基础下构建模型,定量分析与定性分析法相结合,评价了战略性新兴产业的创新能力并分析其与产业科技金融的结合,力图实现问题研究的有理有据。三是规范分析与实证分析相结合。本书以战略性新兴产业上市公司为研究对象,搜集整理相关数据并建立计量模型,分析制度环境与企业创新绩效之间的关系,主要选取了制度环境构成因素里的融资结构、政府补助、债务能力、股权激励等要素,分别建立模型进行实证研究,以期根据实证分析结果提出操作性强的建议。

　　基于数据的可得性,本书主要以在我国证券市场上市的战略性新兴产业公司为研究样本,对制度环境与创新能力之间的关系进行分析和探讨。首先,从美国、日本、韩国等主要发达国家推动其本国新兴产业的经验出发,从发展理念、发展动力、发展主体、发展格局、发展环境五个方面分析其发展趋势及特征。其次,选取 2010—2013 年我国 141 家战略性新兴产业的面板数据,建立创新绩效的评价指标,运用数据包络分析方法(DEA)对样本公司的创新绩效进行评价,从而进一步认识战略性新兴产业的创新能力。再次,通过实证方法来分析制度环境与企业创新绩效之间的关系,主要选取了制度环境构成中的融资结构、政府补助、债务能力、股权激励几个变量,分别建立模型分析了它们与创新能力之间的关系,然后从整体上实证分析制度环境与创新能力间的关系。最后,根据实证分析结果并结合我国的具体情况,提出有针对性的建议。

　　中国特色社会主义市场经济决定了中国企业发展制度环境的特殊性,当前经济又处于新常态的背景下,亟须厘清制度环境的重要影响因素与战略性新兴产业创新能力的关系。本书尝试构建符合中国国情的制度环境分析框架,从创新能力这一维度量化实证研究政府扶持与企业创新回报的关系,对各个省域和经济区域分别进行实证梳理,以期为地方政府制定当地战略性新兴产业创新发展政策提供参考。

第一章　全球新兴产业发展趋势及特征

　　金融危机影响了全球经济发展进程,刺激了全球范围内进行新一轮新兴产业革命的尝试;我国经济也同样在经历改革开放40年的高速发展之后不可避免地遇到了发展瓶颈,优化调整产业结构、改革经济体制变得极为迫切。美国、日本、韩国等主要发达国家推动其本国新兴产业发展的发展理念、发展动力、发展主体、发展格局、发展环境等经验,对我国新兴产业的发展有重要启示。

一、发展理念:立足国情、绿色增长

　　以新能源产业为例。

　　美国在第二次工业革命以后成为世界强国,在电力、通讯、生物等方面技术有了重大突破,处于领先地位。而在能源方面,由于传统的石化能源已经可以满足经济社会发展的需要,新能源并没有得到很快的发展。随着经济发展,一方面美国经济实力更加雄厚、技术不断突破,为新能源的发展奠定下基础,另一方面传统的石油、煤炭等资源稀缺且对环境带来的污染等弊病也日益突出,美国奥巴马政府适时推出"能源新政""绿色产业革命"。奥巴马签署了《2009年美国复兴与在投资法》《新能源法案》,在1200亿美元的科研计划中,有468亿美元用于研发新能源和提高能源使用效率。鼓励新能源产业发展,一方面可以确保美国能源安全,另一方面可以促进美国经济发展。美国国土面积辽阔,拥有五大湖区等丰富的水域资源。在 20 世纪 70 年代之前,美国建成了大量的水坝等基础设施,利用先天资源禀赋优势和后天发展积淀大力发展水力发电,水力发电在可再生能源发电比例中超过 56%。在其之后,美国第二大可再生发电能源是风能,占美国发电总量的 28%,2013 年增长近 7%。

日本也根据本国现实情况,加强新能源产业的发展,重点发展太阳能和核能等低碳能源。日本属于典型的岛国,地域狭小、资源匮乏,但其独特的地理位置为其提供了丰富的风力资源。日本大力支持风力发电,在全球风能市场中进入前十行列。同时日本利用核能技术优势不断开发利用核能以满足国内日益增长的能源需求。目前,日本是世界第三大核能发电国,拥有 45 座核电站,总装机容量 4712.2 万千瓦,核能占能源利用总量的 15%,核能电化率近 40%。

在 20 世纪 70 年代中期以前,韩国的信息产业还处于起步培育阶段,而到 90 年代信息产业已经发展成为国家的主导产业,在世界上处于领先地位。韩国在推动本国新兴产业发展的过程中,更加侧重于新一代信息技术产业向绿色技术、尖端产业融合和高附加值方面深化。

从世界主要国家新兴产业的发展来看,布局新兴产业、促进新兴产业发展,根本上必须立足于本国国情。进入工业化社会以来,在文明日益进步的同时,全球变暖、资源短缺、重大疾病、环境恶化等各类全球性问题也越来越威胁着人类生存和发展。各国都立足于本国现实国情,从资源禀赋、所处的经济社会发展阶段、已有的技术积累程度、环境承载能力、经济发展目标等多方面综合权衡,在发展中各有侧重,呈现差异化产业布局,力图实现适合本国的高效、绿色、可持续经济增长路径。

二、发展动力:知识引领、创新驱动

无论是 18 世纪始于英国蒸汽机发明的第一次工业革命、19 世纪 70 年代以电力广泛应用和内燃机发明为主要标志的第二次工业革命,还是 20 世纪四五十年代以来兴起于美国的以原子能、电子计算机、航天技术、分子生物学、遗传工程等领域取得重大进展为主要标志的第三次工业革命,都离不开理论知识的不断深化、技术的不断突破。可以毫不夸张地说,知识引领下的不断实现的技术上的创新突破是新兴产业能够得以发展的根本原因,是经济发展、社会进步的不竭源泉。

知识进步、技术创新具有积累性和渐进性,没有从第一次工业革命开始的知识、技术、经验的积累,当今社会不可能取得今天的发展。知识、技术具有外溢性,但是只有真正掌握核心技术才能在新兴产业发展的浪潮中取得主动地位,不致受制于人。谁能在某一行业中取得最新的成熟的能够运用于市场的核心技术,谁就能在行业标准制定中取得控制权,能在激烈的市场竞争中遥遥领先。

新一代信息技术产业强调加快建设宽带、泛在、融合、安全的信息网络基础设施,推动新一代移动通信、下一代互联网核心设备和智能终端的研发及产业化,着力发展集成电路、新型显示、高端软件,提升软件服务、网络增值服务等信息服务能力。智能手机的出现及快速增长是与我们日常生活息息相关的新一代信息技术得以运用的证明。而提到智能手机,我们会马上想到苹果公司。在《商业周刊》与波士顿咨询公司推出的"全球最具创新力的公司"评选中,苹果公司的创新能力毋庸置疑。苹果公司自从1976年创立至今,一直都靠着技术创新而不断推进产品更新换代。其iPhone手机从2007年推出以来不断进行产品改进和创新,相继推出了iPhone,iPhone3,……,iPhoneXR、iPhoneXSMax等,每一次新产品发布都伴随着新技术运用。在整个创新过程中,苹果公司始终以满足客户的完美体验需求为出发点和最终落脚点,能够将技术转化为客户所渴望的东西。它在很多方面都具有核心优势:其不断优化的独特的iOS操作系统与其他品牌手机所采用的安卓(Android)系统相比具有不可复制的特点;其自带的Siri语音服务功能独一无二;其打造的APP能够为用户提供安全、便捷的软件服务等。

同样在信息技术产业方面处于世界领先地位的是韩国,其依靠科研突破掌握多项核心技术。如韩国拥有世界上最先进的薄膜液晶显示屏技术,国际市场占有率位居世界第二。对该项核心技术的掌控使得韩国在家电、电脑、数码相机等电子数码领域占据了具有优势的市场份额。韩国在码分多址

（CDMA，是在无线通信上使用的一种技术）方面也保持着技术领先。经过不断努力，韩国三星掌握了从系统核心技术到手机外观设计的全套本领，形成了涵盖核心芯片、零部件、终端机、系统及服务等全方位的研发与制造能力。韩国的 DRAM 记忆芯片，在国际市场的占有率位居世界第一。三星电子 2001 年在国际半导体学会上发表了关于开发工程第四代记忆芯片半导体制作技术的论文，在世界记忆芯片界遥遥领先于其他企业。

三、发展主体：多方参与、合作竞争

随着经济全球化的逐步发展，世界经济越来越连接成一个不可分割的整体。国家之间、行业之间、行业内部企业之间的分工合作越来越精细化，形成既合作又竞争的复杂关系。

从单个行业而言，新兴产业由其自身所具备的外部性、创新性、风险性等特点决定了在行业发展初期仅靠企业自身努力来发展壮大是不太可能的，所以在行业发展的初期阶段离不开多方的参与支持：政府扶持，包括政策、资金、税收等各方面优惠；风险投资机构进入，提供资金、管理、技术等方面的支持；科研机构参与，比如研究机构、高校和企业研发部门的配合；行业联盟配合，比如制定行业标准、行业规划；等等。新兴产业的兴起、发展、壮大是一个长期的过程，是在政府扶持下多方共同努力的结果。

从行业之间而言，一个行业的发展需要有完整的产业链条，就必然要和其他行业领域之间展开合作。比如新能源汽车的发展需要节能环保、新能源、新材料、新一代信息技术等相关产业的配合，航空航天产业的发展离不开新一代信息技术、新材料、高端装备制造等产业的协同发展。

具体来说，以苹果公司开发的 iPhone 手机为例，其中的参与者主要包括运营商、内容提供商、终端制造商、门户站点和搜索引擎提供商、分销商等。手机智能终端的网络服务需要与移动、联通、电信几大通信运营商合作，每一次移动通信技术的进步如 2G、3G、4G 的推进能够给用户提供更先进、快捷的网络服务，进而带动智能手机的变革；苹果公司作为 iPhone 手机的内容提供商，开发并不断优化 iOS 操作系统及相关软件,打造了应用商店;在具体的手机制造组装方面,苹果公司在全球范围内找合适的公司为其服务,比如富士康作为代工厂为苹果提供大量的代工服务;苹果公司通过收购、合作等方式寻求相关网络公司为自己提供强大的网络搜索引擎数据库,为 iPhone 手机提供浏览器、Siri 语音等服务。可见,随着社会分工的全球化和精细化,任何一个产品的生产都可能涉及很多相关行业、部门的参与和配合。

在全球智能手机市场上,虽然韩国三星公司是苹果公司最强大的竞争对手,但是两者并不仅仅是竞争关系,长期以来也一直维持着合作伙伴关系。三星是全球最大的处理器、内存和高分辨率显示器制造商,而苹果对三星零部件有很强的依赖,虽然苹果公司已经采取行动减少对三星零部件的依赖,但目前仍是三星处理器和存储芯片的最大客户之一。虽然双方为手机设计及功能专利而互相起诉过并展开了激烈的竞争,但是双方也需要维持合作关系。一旦苹果公司全面撤退与三星的合作关系,将会对三星的营业收入造成重大影响。可以看出,全球经济融合将使产业之间的合作和竞争越来越深入和多样。

四、发展格局:面向全球、深度融合

技术突破、创新驱动是新兴产业发展的不竭源泉,与技术进步同样重要的是商业模式的选择。在技术突破转化为产品后,如何将新产品成功推向用户和市场,实现消费这一生产流通的最后环节,一个好的商业模式起着决定性作用。

仍以苹果公司为例来分析商业模式在产品市场成功中所发挥的作用。首先分析产品,苹果公司提供的产品不断追求完美设计和创新,能够为目标客户带来不可替代的价值。一是产品的差异化。iPhone 与竞争对手最大的差异体现在操作系统上,它采用经过界面优化的桌面操作系统 iOS,具有运转迅速、界面华丽、操作简便的优点,有自带的 Safari 网络浏览器。二是渠道的差异化。苹果采用在线商店的差异化渠道。APP Store 提供软件在线销售渠道,软件开发者可以将制作的软件提交苹果审核后在 APP Store 平台上销售,销售所得由苹果公司与软件开发者三七分成。这也是苹果公司盈利模式的一个重要部分,与直接销售手机带来的一次性收入相比,这种收入更具持续性。三是服务的差异化。提供技术支持和保修、自动检索网络、远程数据清理、Siri 语音服务等多项差异化的服务。其次,分析苹果公司的营销创新。一是从营销策略选择上,苹果选择品牌营销和体验营销相结合。品牌营销是指苹果公司努力实现产品的优越性,由消费者自发向其他人传播、推荐与产品相关的信息,以"口口相传"实现产品的销售。体验营销是指苹果让客户在体验店里通过观摩、聆听、试用来亲身直观感受产品和服务,进而达成产品的销售。二是从销售渠道选择上,苹果公司采取了线上销售和线下销售相结合的方式。在电子产品激烈竞争降价销售的形势下,苹果线上和线下直营店、授权店统一定价销售,很少降价。每年只有一天"苹果特惠购买日",针对部分产品会有一定优惠,这样的销售定价战略能够给消费者带来不一样的心理体验。除了线上、线下销售外,苹果也通过与运营商定制合作、与大电商合作促进产品批量销售。三是从销售市场选择上,苹果公司囊括了商务人士、白领、学生等广大的消费群体。在欧美拓展开市场以后,2008 年 8 月,苹果 3G 版在阿根廷、爱沙尼亚、乌拉圭等 21 个国家开始了在全球范围内的第二个阶段的销售扩张。进入中国市场属于其在全球第三阶段的扩张。在全球化销售过程中,一方面苹果公司根据新一代产品的发布上市时间来安排已上市产品的销售价格、销售范围和退市时间,为新产品让出更大的市场。另一方面,其针对不同消费市场的特点安排不同的产品。苹果公司以优质产品为基础创新其商业模式,打开了全球消费市场,影响了人们的生活方式和思维观念。

五、发展环境:政府扶持、全面优化

新兴产业在初始发展阶段面临产品不成熟、市场不确定、资金投入大等各方面不确定因素的制约,必然需要政府对行业成长的扶持。从世界主要国家新兴产业发展壮大的过程来看,很多国家在政策、法律、资金、税收等方面都给予了支持,为其创造促进其发展的制度环境。

美国采取多方面举措推进新能源汽车的产业化发展。一是制定相关法律法规保障产业发展。2007年美国制定通过了《2007能源促进和投资法案》《2007可再生燃料、消费者保护和能源效率法案》,将促进新能源汽车产业发展上升为国家意志,以法律形式给予支持和保护。二是提供资金支持。企业在承担新能源汽车技术研发、市场推广等方面具有很强的不确定性,要承担很大的风险,因此美国成立了能源效率与可再生能源局,负责对相关机构、企业、个人关于新能源技术研发方面的活动提供发展资金。如2008年通用汽车、福特汽车、通用电气公司得到美国能源部3000万美元的资金支持,用以进行电动汽车技术研发,2009年又得到20亿美元用于电动汽车零部件研发。三是提供税收优惠。新能源汽车在刚投入市场时,一方面受到传统的成熟汽车市场的竞争压力,另一方面自身发展未稳定而造价昂贵。美国政府为了鼓励消费者购买新能源汽车而以税收形式给予价格方面的优惠。如对混合动力汽车,美国采取税额抵免,以6万元的销量为限,超过6万辆不再享受税收优惠;超过4.5万以后享受25%的税额抵免;超过3万辆以后享受50%的税额抵免。四是除了通过税收优惠鼓励消费者购买新能源汽车以外,美国政府也直接采购新能源汽车以促进其扩大市场。2011年5月,美国联邦政府公用车队购置116辆新能源汽车。奥巴马政府要求,2015年开始,联邦政府将仅采购纯电动、混合动力或其他新能源汽车作为政府用车。政府采购支持加快了新能源汽车的市场化进程。五是加强配套基础设施建设。比如电动汽车自身有一定的续航时长,需要完善、便捷的充电基础设施来保证其持续运行。美国政府通过资助燃料加注、充电基础设施建设等来配合新能源汽车产业的成长。

六、中国战略性新兴产业发展路径建议

综合全球新兴产业发展趋势,有必要优化我国战略性新兴产业发展路径。

(一) 立足我国国情,制定科学规划

2012年5月30日,国务院通过《"十二五"国家战略性新兴产业发展规

划》,标志着我国战略性新兴产业进入了全面推进阶段。各地政府也积极响应中央的政策要求,纷纷制定当地发展新兴产业的规划方案。然而从现实情况来看,很多地方发展新兴产业的路径仍然走的是单纯的扩大投资规模的粗放型道路,而没有根据当地实际经济实力、历史积累、产业发展现状、资源禀赋优势等综合权衡制定新兴产业发展规划。比如目前全国十七个省、市将光伏产业作为本地支柱产业来发展,这样的盲目扩张在一定程度上造成了"中欧光伏之争"。又如2011年我国用于太阳能发电的电池板产量已经超过1200万千瓦,但国内太阳能电站的装机容量仅为220万千瓦,新增装机容量只占同年全国太阳能电池产量的不到17%。这种不立足实际情况投资导致的规模扩张会造成产能过剩、资源浪费,最终不利于新兴产业发展。因而,我国在推进战略性新兴产业的发展过程中,必须要以现实情况为基础,实事求是地制定科学、差异化的发展规划。

(二) 强化科技创新,掌握核心技术

各个国家都将发展新兴产业作为新的经济增长点,谁能够抓住这一机遇谁就能够在激烈的竞争中掌握主动权。虽然我国在航空航天技术、节能与新能源汽车等部分领域和关键技术上能够与世界先进技术保持同步甚至处于领先地位,但不得不承认的现实是我国整体技术水平低,很多关键的核心技术都受制于人而必须依赖进口,以致只能处于"微笑曲线"低端提供简单的加工、装配等服务。如中国的稀土深加工之殇。中国向全世界供应着90%以上的稀土资源,但因为没有掌握在稀土深加工领域的技术而无法掌握稀土产品的定价权。尽管中国稀土永磁产量位居世界第一,但高性能永磁材料的市场份额却不足10%,在没有核心技术的情况下,出现的只能是低端原材料的重复建设和恶性竞争,从而出现十元卖出去千元买回来的伤痛。为了走出这一困境,只能从技术上进行突破,提高稀土冶炼、分离、材料应用领域的技术水平。

(三) 坚持对外开放,加强国际合作

改革开放以来,我国始终坚持对外开放国策。我国在关键技术、管理等方面与发达国家存在差距,在世界经济一体化的情况下各个国家之间既合作又

竞争,因而我们要充分利用这一开放环境取人之长,补己之短。一方面,要强化自主创新意识,注重消化吸收。核心技术是公司获得垄断利润的源泉,在经济全球化的趋势下跨国公司可能会向我国转移相对先进的技术。虽然真正核心的技术买不来,但由于技术知识具有外溢性,我们可以增强引进技术的有效性,通过学习吸收引进技术来增进再创新能力。比如,我国铁路技术装备通过引进消化吸收再创新取得了很大进步,已经掌握了世界先进成熟的铁路机车车辆制造技术等。另一方面,要加强与其他国家合作。充分利用全球范围内的资源、人才、市场等为我服务,发挥比较优势。如在新能源合作方面,上海汽车股份有限公司与德国大众汽车开展燃料电池合作,并加快插电式混合动力汽车的产业化步伐,这对推动我国新能源汽车产业发展有积极作用。

(四) 创新商业模式,延长价值链条

生产的目的是为了消费。新兴产业在发展初期,面临技术不完善、产品不成熟、市场不稳定等一系列的不确定因素。在竞争日益激烈的情况下要想脱颖而出,除了产品质量过硬以外,还必须对传统商业模式进行创新,甚至一定程度上商业模式的创新能够弥补产品上的一些不足。雷军 2010 年创办的小米科技,在核心技术方面并没有不可替代的优越性,却在短短的几年时间里获得了快速发展,除了其产品与同类产品相比具有一定的性价比优势外,还在于它采取了"饥饿式"网络营销方式,相信用户就是驱动力,坚持"为发烧而生"的产品理念。这种创新的营销方式使其获得了很大成功,在销售手机的同时,还销售电视、移动电源、耳机、路由器、配件等一条链的产品。通过商业模式创新打造"米粉"文化,是其不断从用户获得利润的源头。

(五) 优化发展环境,形成内外合力

在坚持市场在资源配置中起决定性作用的前提下,政府从政策上对战略性新兴产业发展进行扶持是其迅速发展的保障。政府要尊重和遵循市场规律,从战略、政策、资金等方面支持新兴产业发展,比如制定科研创新、人才培养等方面的资助政策,设立专项科研基金扶持项目,鼓励企业、研究机构、学校

之间的产学研互动合作等。政府要着力优化新兴产业健康发展的市场环境，制定行业准入准测、培育和扩大市场需求、建立健全基础设施建设、改善投融资环境等。这样通过政府外在的支持促进企业内在的发展，形成内外合力，推动新兴产业发展壮大。

第二章 战略性新兴产业
创新能力评价

创新能力是企业核心竞争力的主要组成部分,企业唯有不断创新,才能在长期的激烈竞争中保持持续性优势。上市公司往往是一个行业或者细分行业中的领军企业,经营业绩突出,生产技术、管理水平、发展前景都处于较为优秀的水平上,是一个行业的代表。一个行业的发展水平和趋势,往往可以在这个行业的上市公司中找到缩影。我国近年来大力发展的战略性新兴产业,承载着经济发展方式转变的重大历史使命,也是实现可持续发展的坚实支柱之一。对我国战略性新兴产业而言,不同行业、不同企业的创新激励、创新能力和创新成效都不相同。本章采用数据包络分析法(DEA),选取 141 家战略性新兴产业 2010—2013 年的面板数据,对我国战略性新兴产业创新能力进行静态和动态评价。

一、战略性新兴产业创新发展情况

近年来,我国战略性新兴产业创新发展迅速,取得了显著成绩,但也存在一些不容忽视的问题,主要发展态势和特点如下:

(一) 战略性新兴产业总体发展特点

1.规模整体偏小,逐步发展壮大

按资产规模将公司划分为 1 亿元—10 亿元、10 亿元—100 亿元、100 亿

元—1000亿元和1000亿元以上四个区间,各区间公司数量结果如下表所示:

表 2-1 战略性新兴产业上市公司资产规模各区间公司数量及比例

资产规模(亿元)	公司数量(个)	占公司总数比例
1 — 10	128	19%
10 — 100	480	71%
100 — 1000	61	9%
>1000	7	1%

资料来源:根据上交所官网 http://www.sse.com.cn、深交所官网 http://www.szse.cn 披露的战略性新兴产业相关行业上市公司 2014 年年报数据整理。

从上表可以看出我国战略性新兴产业上市公司整体资产规模偏小,资产规模在 100 亿元以下的公司比例达到了 90%,其中介于 10 亿元—100 亿元之间的公司占到了 71%,规模在 10 亿元以下的公司比例为 19%。仅有 10% 的公司资产规模在 100 亿元以上,大于 1000 亿元的大型公司仅占 1%。这主要是因为战略性新兴产业基本上属于资本和技术密集型企业,大多数企业成立发展的时间比较短,因而资产规模整体偏小。

再看员工人数规模。公司平均员工人数为 4869 人,35% 的公司员工规模在 1000 人以下,规模最小的员工人数仅为 277 人,45% 的公司员工数在 1000—5000 人之间,而超过 1 万人的公司仅占所有公司的 9%。

2. 整体趋于盈利,能力参差不齐

战略性新兴产业在发展初期面临多方面挑战,比如传统行业竞争、产品市场开拓、新技术研发等,因此在发展初期很难有很好的盈利。从统计数据来看,上市公司的平均净利润为 3.1 亿元,而 51% 的公司净利润在 1 亿元以下,35% 的公司净利润在 1 亿元—10 亿元之间,仅有 5% 的公司净利润超过 10 亿元。此外,有 9% 的公司净利润为负数,处于亏损状态,最严重的公司亏损额高达 28.89 亿元。

(二)战略性新兴产业行业发展特点

将战略性新兴产业上市公司数量按照国家七大产业分类进行统计,可以发现有如下的行业发展特点。

1. 行业分布不均衡

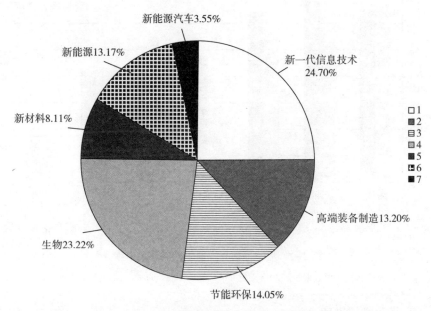

图 2-1 各类战略性新兴产业上市公司数量占比

资料来源:同花顺:《同花顺数据库》(2014),见 http://data.10jqka.com.cn,根据相关数据计算整理。

从上图可以看出,新一代信息技术产业和生物产业发展相对较快,其上市公司占所有战略性新兴产业上市公司总数的比例分别为 24.7% 和 23.22%;节能环保、高端装备制造、新能源产业上市公司的比例为 15% 左右,即 14.05%、13.20%、13.17%;而新能源汽车和新材料行业所占比例在 10% 以下,其中新能源汽车仅为 3.55%。

2. 行业趋于集中

以下计算战略性新兴产业不同行业市场结构集中度,如图 2-2 所示。新能源汽车、节能环保和高端装备制造产业行业集中度相对较高,行业前 4 家企业的总资产占行业上市公司总资产的比重超过了 50%,销售额比重达到 60% 以上;新能源、新材料和新一代信息技术产业集中度则相对较低,行业前 4 家企业的总资产与销售额比重在 30% 至 40% 之间;生物产业集中度最低,行业前 4 家企业总资产比重仅为 15.33%,销售额比重仅为 17.05%。

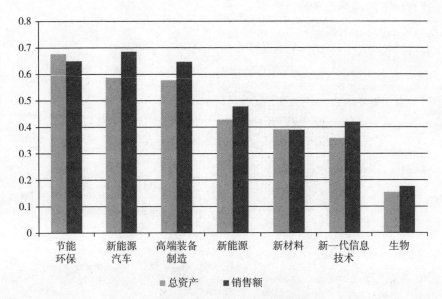

图 2-2　战略性新兴产业不同行业集中度

资料来源:同花顺:《同花顺数据库》(2014),见 http://data.10jqka.com.cn,根据相关数据计算整理。

3.行业成长迅猛

从表 2-2 可以看出,2010—2012 年我国战略新兴产业增长速度很快,2012 年年度增速平均达到了 22.39%。尤其 2010 年在国家政策的大力支持下,战略性新兴产业取得了飞速发展,新能源产业和生物产业营业收入年均实现了 45% 以上的增长。2012 年受金融危机影响,战略性新兴产业除新材料、新一代信息技术和新能源汽车行业实现了 21.01%、17.24% 和 14.66% 的增幅,其他产业增长速度急剧下降,新能源、高端装备制造甚至出现了负增长。

表 2-2　战略性新兴产业 2010—2012 年营业收入年增长率

单位:%

行业	2010 年	2011 年	2012 年	三年平均
新能源	47.48	32.69	-3.3	25.62
生物	45.91	30.3	0.24	25.48
新材料	31.19	23.8	21.01	25.34
新能源汽车	28.47	22.4	14.66	21.84

续表

行业	2010 年	2011 年	2012 年	三年平均
节能环保	38. 38	22. 22	4. 88	21. 82
新一代信息技术	23. 81	20. 59	17. 24	20. 55
高端装备制造	29. 27%	20. 25	−1. 34	16. 06
各行业年度平均	34. 93	24. 61	7. 64	22. 39

资料来源:中经网:《中经网统计数据库》(2014),见 http://db.cei.cn/page/Default.aspx。根据相关数据
　　计算整理。

(三) 战略性新兴产业区域发展特点

1. 由东往西分布递减

战略性新兴产业的地理分布位置与区域经济发展程度紧密相关。东部地区不仅地理条件优越,而且受国家经济发展政策的扶持优先发展。企业会选择市场环境更优越的地方以求更好的发展。

将战略性新兴产业上市公司按照公司登记所在地进行整理后发现其数量呈现自东向西、自南向北递减的趋势。其中华东地区战略性新兴产业公司占公司总量比例最高,为 46.72%;其次为华南,占比 22.70%;华中和华北地区分别为 8.99%和 8.39%;东北和西南地区比例同为 5.57%;比例最低的西北地区为 2.06%。

2. 区域发展不均衡

从战略性新兴产业区域发展水平来看,区域之间资源禀赋、经济发展水平、基础设施建设等各方面的差异造成了区域之间战略性新兴产业发展存在较大的差距,如表2-3所示。

从区域发展的整体水平而言,表2-3反映了我国战略性新兴产业区域发展严重不平衡:东部地区发展最快,中部地区其次,西部地区比东北地区发展要好,东北地区增速最慢。这是因为我国大力实施西部大开发战略,国家多项政策向西部倾斜,而东北地区处于振兴时期,新产业尚在形成。从不同类别的新兴产业区域发展情况而言,东部地区在节能环保产业、新一代信息技术产业、生物产业、高端装备制造业方面有很强的优势,而西部地区则在新能源产业上有明显的优势。

表 2-3 2012 年东、中、西、东北地区部分战略性新兴产业增加值情况

单位:%

地区	节能环保产业	新一代信息技术产业	生物产业	高端装备制造业	新能源产业
东部地区	54.91	80.44	59.37	77.89	25.59
中部地区	17.48	9.40	24.15	6.96	22.43
西部地区	13.47	5.93	8.17	10.99	48.87
东北地区	14.14	4.23	8.31	4.16	3.11

数据来源:中国工程科技发展战略研究院:《中国战略性新兴产业发展报告 2013》,科学出版社 2013 年版,第 25—29 页。

二、创新能力评价方法

常见的评价方法主要有以下几种,下面分别加以简要介绍。

(一) 数据包络分析模型

1978 年著名运筹学家库珀(W.W.Cooper)和罗兹(E.Rhodes)提出了第一个数据包络分析(DEA)模型(CCR 模型),此后数据包络分析方法在学术界得到了广泛应用。此方法特别适合处理复数个输入和输出变量时的有效性评价问题,也不直接对数据进行处理,因此无须对数据进行标准化处理就能消除量纲差异。此外,此方法基于线性规划,无须对指标权重进行设定。

目前数据包络分析(DEA)方法的表现形式主要有以下两种:CRS(constant return to scale,规模报酬不变)方法,未将企业规模效率考虑在内,因此一般用以衡量企业的综合效率;VRS(variable returns to scale,规模报酬可变)方法,计算企业效率时可将规模因素剔除,因此得出的效率一般称为纯技术效率。此外,数据包络分析(DEA)方法还有多种不同形式的扩展模型,但适用范围和使用的广泛程度均不如前两者。

CRS 模型的主要原理为:存在 N 个决策单元(Decision Making Unit,简称 DMU),其互相独立且具有可比性。根据每个决策单元的投入和产出,将这一

决策单元与其他决策单元的投入和产出进行对比,以确定相对有效的决策单元。一个有效的决策单元,其给定产出水平所需要的投入至少有一项低于其他决策单元通过线性组合所能达到的投入水平。

效率评价指数 h_j 表示第 j 个决策单元的创新能力,即:

$$h_j = \frac{\sum_{r=1}^{s} u_r q_{rj}}{\sum_{i=1}^{m} v_i x_{ij}}, j=1,2,3,\cdots,n \qquad (2.1)$$

其中 $X_{ij}>0$,X_{ij} 表示第 j 个决策单元的第 i 个输入变量;$q_{rj}>0$,q_{rj} 表示第 j 个决策单元的第 r 个输出变量;v_i 表示第 i 种输入的权重;u_r 表示第 r 种输出的权重。i=1,2,$\cdots$,m;j=1,2,$\cdots$,n;r=1,2,$\cdots$,s

通过调整权系数,可以使得 h_j 满足 $h_j \leq 1(j=1,2,\cdots n)$。

依照以下模型对效率进行评价,第 j_0 个决策单元的效率为

$$Maxh_{j_0} = \frac{\sum_{r=1}^{s} u_r q_{rj}}{\sum_{j=1}^{m} v_i x_{ij}} \qquad (2.2)$$

其中 v=$(V_1,V_2,V_3\cdots V_m)^T \geq 0$,u=$(U_1,U_2,U_3,\cdots U_n)^T>0$

因此,一个决策单元是否有效,并不能仅通过其自身的投入产出来衡量,还需要将其与其他决策单元进行对比。式(2.2)可以表述为以下矩阵形式:

$$s.t. \begin{cases} Maxh_{j_0} = \dfrac{u^T Q_0}{v^T X_0} \\ \dfrac{u^T Q_j}{v^T X_j} \leq 1 \\ V \geq 0 \\ U \geq 0 \end{cases} \qquad (2.3)$$

其中:$X_j=(X_{1j},X_{2j},X_{3j},\cdots,X_{mj})$,$Q_j=(Q_{1j},Q_{2j},Q_{3j}\cdots Q_{sj})$,j=1,2,$\cdots$,n。

为此令 t=1/$(v^T X_0)$,$\omega=t^* v$,$\mu=t^* u$,则 $(u^T Q_0)/(v^T X_0)=t\cdot u^T Q_0=\mu^T Q_0$,模型可变为:

$$\text{s.t.} \begin{cases} \max \mu^T Q_0 \\ \omega^T X_j - \mu^T Q_j \geqslant 0, j = 1, 2, \cdots, n \\ \omega^T X_0 = 1 \\ \mu \geqslant 0 \\ \omega \geqslant 0 \end{cases} \qquad (2.4)$$

式(2.4)是式(2.3)的等价线性规划,这一变换被称为查恩斯—库伯(Chames-Cooper)变换。

式(2.4)的对偶线性规划如下:

$$\text{s.t.} \begin{cases} \min \theta \\ \sum_{j=1}^{n} X_j \lambda_j \leqslant \theta X_0 \\ \sum_{j=1}^{n} Q_j \lambda_j \geqslant Q_0 \\ \lambda_j \geqslant 0, j = 1, 2, 3, \cdots, n \end{cases} \qquad (2.5)$$

从线性规划理论我们可以发现,式(2.4)及其对偶线性规划式(2.5)都存在最优解,而且二者具有相同的最优值。

线性规划(2.4)最优值的经济意义为:若线性规划(2.5)最优值,则称决策单元为弱数据包络分析有效。

使用松弛变量 s^-、s^+ 后,我们可以将线性规划(2.4)的对偶线性规划(2.5)变换成更为直观和准确的等式形式:

$$\text{s.t.} \begin{cases} \min \theta \\ \sum_{j=1}^{n} X_j \lambda_j + s^- = \theta X_0 \\ \sum_{j=1}^{n} Q_j \lambda_j - s^+ = Q_0 \\ \lambda_j \geqslant 0, j = 1, 2, 3, \cdots, n \\ s^- \geqslant 0, s^+ \geqslant 0 \end{cases} \qquad (2.6)$$

松弛变量 s^-、s^+ 的作用是将线性规划的不等式形式化为等式形式,其本质是一种添加量,这种添加量在此处的意义代表实际投入量与理想投入水平之间的距离。其中 $s^- \geq 0$ 代表差额变量，$s^+ \geq 0$ 代表超额变量。

$s^- = (s_1^-, s_2^- \cdots, s_m^-)$，$s^+ = (s_1^+, s_2^+ \cdots, s_s^+)$，若所研究的线性规划模型的约束条件全是小于类型,那么可以通过标准化过程引入 m 个非负的松弛变量。引入松弛变量常常是为了便于在更大的可行域内求解。松弛变量若为 0,则收敛到原有状态;若大于零,则约束松弛。

求解式(2.6)的计算步骤如下。

第一,求出线性规划(Pcrs)的对偶线性规划的最优解,设最优值为 θ^*。若 $\theta^* = 1$,则决策单元 j_0 为弱数据包络分析有效,继续下一步判断是否为数据包络分析(DEA)有效;若 $\theta^* < 1$,则决策单元 j_0 不为弱数据包络分析(DEA)有效,步骤停止。

第二,求下面线性规划的最优解 λ, s^+, s^-。

$$\text{s.t.} \begin{cases} \min(\hat{e}^T s^- + e^T s^+) \\ \sum_{j=1}^{n} X_j \lambda_j + s^- = X_0 \\ \sum_{j=1}^{n} Q_j \lambda_j - s^+ = Q_0 \\ \lambda_j \geq 0, j = 1,2,3,\cdots,n \\ s^- \geq 0, s^+ \geq 0 \end{cases} \quad (2.7)$$

其中 $\hat{e} = (1,1,1,\cdots 1)^T \in E_m$，$e = (1,1,1,\cdots 1)^T \in E$。

若最优解 $\hat{e} T_{s^-} + e T_{s^+} = 0$,则决策单元 j_0 为数据包络分析(DEA)有效;若 $\hat{e} T_{s^-} + e T_{s^+} > 0$,则决策单元 j_m 仅为弱数据包络分析有效。

由第一步计算步骤知,该决策单元为数据包络分析有效时,上述线性规划的最优解集合为:

$$\text{s.t.} \begin{cases} \sum_{j=1}^{n} X_j \lambda_j + s^- = \theta X_0 \\ \sum_{j=1}^{n} Q_j \lambda_j - s^+ = Q_0 \\ \lambda_j \geq 0, j = 1,2,3,\cdots,n \\ s^- \geq 0, s^+ \geq 0 \\ \theta = 1 \end{cases} \quad (2.8)$$

VRS 模型是在 CRS 模型基础上加上约束 $\sum_{j=1}^{n} \lambda_j = 1$，VRS 模型所确定的唯一生产可能集为：

$$T_{vrs} = \left\{ (X,Q) \mid \sum_{j=1}^{n} X_j \lambda_j \leqslant X, \right.$$

$$\left. \sum_{j=1}^{n} Q_j \lambda_j \geqslant Q, \; \sum_{j=1}^{n} \lambda_j = 1, \; \lambda_j \geqslant 0, j = 1,2\cdots,n \right\} \tag{2.9}$$

其所对应的 VRS 线性规划模型(2.10)为：

$$\text{s.t.} \begin{cases} \sum_{j=1}^{n} X_j \lambda_j \leqslant \theta X_0 \\ \sum_{j=1}^{n} Q_j \lambda_j \geqslant Q_0 \\ \sum_{j=1}^{n} \lambda_j = 1 \\ \lambda_j \geqslant 0, j = 1,2,3,\cdots,n \end{cases} \tag{2.10}$$

VRS 线性规划的计算原理与 CRS 相同。$\sum_{j=1}^{n} \lambda_j = 1$ 保证了无效率企业只是以规模相似的企业为标准进行比较。

(二) 马姆奎斯特(Malmquist)指数

单纯的数据包络分析方法只能从截面数据或应用时间序列模型对资源配置效率进行分析，因此,本书引入马姆奎斯特指数对我国战略性新兴产业的面板数据进行多角度、多层次分析,以此来弥补数据包络分析方法的不足,从而得出更加科学有效的分析结果,为我国战略性新兴产业的发展提供有效参考。费尔(Fare)依据谢泼德(Shephard)提出的距离函数构造了 t 时期到 t+1 时期的马姆奎斯特指数。为了规避时期选择所造成的影响,费尔等人用两个时期的技术马姆奎斯特指数的几何平均值作为马姆奎斯特指数。于 1994 年费尔等人证明,马姆奎斯特指数也可分解为效率变化和技术进步变化,并将效率变化和技术变化进一步分解为纯技术效率变化和规模效率变化。马姆奎斯特指数的具体形式如下所示：

$$(M_0 = (x^{t+1} , y^{t+1} , x^t , y^t)) = \sqrt{\left[\left(\frac{d_0{}^t (x^{t+1} , y^{t+1})}{d_0{}^t (x^t , y^t)} \right) \left(\frac{d_0{}^{t+1} (x^{t+1} , y^{t+1})}{d_0{}^t (x^t , y^t)} \right) \right]} =$$

$$\frac{d_0{}^{t+1} (x^{t+1} , y^{t+1})}{d_0{}^t (x^t , y^t)} \sqrt{\left[\left(\frac{d_0{}^t (x^{t+1} , y^{t+1})}{d_0{}^{t+1} (x^t , y^t)} \right) \left(\frac{d_0{}^t (x^t , y^t)}{d_0{}^{t+1} (x^t , y^t)} \right) \right]}$$

由以上公式可以得出,技术效率变化指数 $EC = \dfrac{d_0{}^{t+1} (x^{t+1} , y^{t+1})}{d_0{}^t (x^t , y^t)}$,技术进

步或技术创新指数 $TE = \sqrt{\left[\left(\dfrac{d_0{}^t (x^{t+1} , y^{t+1})}{d_0{}^{t+1} (x^t , y^t)} \right) \left(\dfrac{d_0{}^t (x^t , y^t)}{d_0{}^{t+1} (x^t , y^t)} \right) \right]}$ 。在以上公式

中,(x,y) 指投入产出的组合,M_0 为资源配置效率的马姆奎斯特指数(TEP)。如果所评价的决策单元 $M_0 > 1$,则表明资源配置效率呈上升趋势;如果 $M_0 = 1$,则表示资源配置效率既没有上升的趋势也没有下降的趋势;如果 $M_0 < 1$,表示资源配置效率呈衰退趋势。EC 评价的是由 t 至 t+1 时期的技术效率的提高情况。如果 $EC > 1$,则表示较好的管理和决策使技术效率得到了提高;如果 $EC = 1$,表示这段时期内技术效率并没有改变;如果 $EC < 1$,表示做出了不适当决策,使技术效率与上时期相比下降了。TE 评价的是技术进步情况,衡量决策单元在 t 至 t+1 时期阶段的生产技术变化情况,表明的是生产过程中的技术进步或创新程度。如果 $TE > 1$,表示科研力度的提升使得生产技术进步;如果 $TE = 1$,表示生产技术没有新的突破;如果 $TE < 1$,表示不恰当的资源配置使得生产技术有衰退的趋势。

三、创新能力评价指标

根据本书研究的变量关系和数据可得性,对战略性新兴产业企业创新能力的评价指标选取说明如下:

(一) 创新投入及产出的界定

效率是投入和产出关系的一种,经常被认为是二者的比值。因此,考察创

新活动的效率,必然要先对其投入和产出进行界定。综观前人的研究,学者们对创新投入的界定意见较为一致,通常都是从创新资本投入、创新人力投入两个方面进行衡量,具体来说就是研发(以下简称 R&D)费用和 R&D 员工。但关于创新产出没有通行的衡量方法,一些学者从生产函数的角度出发,将新知识的生产量作为创新产出的主要代表,而另一些学者对创新产出的理解则要宽泛得多,将创新产出的范畴扩展到完成的技术项目和新产品上,而新产品的衡量指标又包括新产品的生产量、销售收入、总产值等多种可供选择的指标。基于理论的相关性和数据的可获得性,本书将基于生产理论对创新产出进行界定,对创新投入的界定则采用通行做法。

在西方经济学理论体系中,生产理论占有相当重要的地位。生产理论的主要研究对象是生产者的行为,包括生产决定因素、生产要素投入、生产效率等方面。典型的生产要素有资本、劳动、资源和技术等,而生产本身就是将生产要素逐渐转化为生产产品的过程。学者们用生产函数表示投入和产出的关系,亦即生产过程。在古典西方经济学中,技术因素是生产函数的外生变量,与之相对的最典型的生产函数形式即 $Y = F(L, K)$,其中 L 和 K 分别表示劳动和资本的投入量,Y 表示产出。函数中的变量并不涉及技术水平,在既定技术水平的前提下,产出水平只与劳动和资本的投入有关。若投入的劳动和资本保持一个恒定的比例,在假设生产函数一阶齐次的前提下产出增长率只由投入增长率决定。1957 年,索洛(solow)对古典生产函数进行了改进,提出了有名的 C-D 生产函数模型 $Y = A(t)KL$,其中 A 表示技术水平,这一模型首次将技术进步因素考虑在内,表明技术进步可以使既定要素投入水平下的产出变为原产出的 $A(t)$ 倍。这一模型明显地展示了技术因素对生产的重要意义,并使得此后的学者们纷纷将技术因素作为生产条件之一纳入他们的研究中去。随着科技的不断进步,其在生产中起到的作用也越来越大,占据着越来越重要的地位。从某种意义上说,技术水平可以作为生产投入资料的一种,但其对产出的影响尚小于资本和劳动的影响。因此,技术水平一般被看作与生产过程有着紧密联系但又与资本和劳动相对独立的一个因素。基于这一逻辑,相当多的学者在研究生产过程时将技术因素分离出来单独进行分析,而在考察技术因素时也将涉及的投入产出因素分离出去,只专门分析与技术相关的投入产出要素,而不考虑贯穿于整个生产过程的投入产出要素,如产值、利润等。本书认同这一思想,并将其作为界定创新投入产出的基础之一。知识生产函数虽然是对研发活动生产情况的描述,不同于描述生产活动的生产函数,但其函数形式和分析方法具有相当强的相似性。知识生产函数采用柯布—道格拉斯(Cobb-Douglas)生产函数形式,其基本表现形式为:

$$R\&D_{output} = a \left(R\&D_{input} \right)^b$$

在前述将创新产出视为创新人力投入和创新资本投入的结果这一基本假设下,知识生产函数可以进一步表达为:

$$Q_i = AK_i^{\alpha}L_i^{\beta}\varepsilon$$

其中 R&D 资本投入和 R&D 人力投入分别以 K 和 L 表示,R&D 产出以 Q 表示,R&D 资本投入的产出弹性和 R&D 人力投入的产出弹性分别表示为 α 和 β。此处 R&D 产出代表知识的产出,又以专利产出最为典型,因此本书将专利数量作为创新知识产出的衡量指标,同时将营业收入作为经济产出的衡量指标,两者共同构成创新产出的主要衡量指标。

(二) 具体评价指标的选择

本书以以下四个原则为准绳选取衡量创新投入和产出的具体指标。

一是客观科学。本书尽量选取客观的数据,即由权威部门发布或经过权威部门认可,有具体数值的真实统计数据。这是为了避免在获取数据时受主观思想干扰,最大程度保障研究的科学性。

二是合理有效。合理有效的数据首先是可以获得的,也是与研究对象密切相关的。本书选取可以从资料中直接查阅到或查阅后经简单加工整理可以取得的数据指标作为评价创新投入和产出的依据,同时保证其与创新活动的相关性。

三是简明扼要。由于部分样本对某些变量存在缺失现象,若数据中涉及的变量过多,则因缺失数据而剔除的样本数量将大大增加。因此为保证样本自由度,尽量选取少数代表性最强、对研究对象最为重要、最有利于达成研究目的的指标,而精简与研究内容相关性较差的指标,以减少数据损失,并使评价体系合理、准确、简洁。

四是独立可比。相当数量的指标互相之间存在较强相关性,即所谓的指标交叉。指标交叉会对研究结果产生扰动,不恰当地夸大或缩小部分指标的影响力。因此,在选取指标时尽量选取相互较为独立的指标,避免指标之间的相互影响。可比性则是指选取的指标应为样本所共有,若仅有部分样本能够获得某项指标,则这项指标不具有可比性,应当从评价体系中剔除。

综合考量上述四项原则和前述相关理论,本书从投入—产出角度构建出以下科学、系统、易量化的战略性新兴产业创新能力评价指标体系(见表2-4)。

表 2-4 战略性新兴产业创新能力评价指标体系

指标体系	一级指标	二级指标	指标代码
投入指标	人力投入	R&D 人员	X1
	资金投入	R&D 经费	X2
产出指标	知识产出	拥有专利数	Y1
	经济产出	营业收入	Y2

本书在创新人力资源投入方面采用研发人员数量作为评价指标,在创新资本投入方面采用研发经费作为评价指标,在创新产出方面选取发明专利和实用新型专利授权数量与营业收入作为评价指标。之所以只将发明专利和实用新型专利授权数作为创新产出的知识产出代表而不考虑外观设计专利和专有技术等其他指标,是因为作为本书研究样本的战略性新兴产业发展迅速、技术容易被模仿,专有技术得到保护的有效性和可靠性较低,被窃取的风险较高。此外,企业专有技术往往并未公开,数据可获得性较差,而专利数据在国家知识产权网上均有公布,易于取得。我国专利的形式有三种:发明、实用新型和外观设计。因为外观设计的技术含量相对较低,且申请量较大以致专利授权机构的审查周期普遍较长,本书只选取发明专利和实用新型专利作为专利产出水平的衡量指标。一般认为,技术研发周期为1—2年,即投入与产出之间存在滞后。在研发周期的时滞和尽量保证样本规模的综合考量之下,本书选取1年为滞后期,即企业创新能力的测算以当年创新产出与此前1年创新投入的数据为基准。

（三）样本选择与数据来源

我国目前大力发展的战略性新兴产业包括节能环保、新一代信息技术、生物、高端装备制造、新能源、新材料、新能源汽车等 7 个产业。平安证券公司根据公开数据和自身判断，构建了含有 503 只股票的"战略性新兴产业"股票池,本书选取这一资产组合中的股票为基础,并剔除数据年份较少或缺失较为严重的个体后,得到的有效样本为 141 家战略性新兴产业上市公司。

所选用指标中,R&D 支出由企业董事会报告公布,董事会报告未公布其R&D 支出的由财务报告"管理费用"会计科目中"研发费用"以及"无形资产"会计科目中"资本化研发支出"两个明细科目整理得出,企业 R&D 人力投入选取企业年报中"董事、监事、高级管理人员和员工情况"中"公司员工情况"一栏所披露的研发人员数量,经济产出由财务报告中的营业收入得来,上述数据均来源于样本企业历年年度报告。企业专利申请授权数据来自国家知识产权局专利检索与服务系统。

四、创新能力评价结果

本书选用数据包络分析(DEA)P2.1 软件分析相关数据,选择的模型是基于投入角度的数据包络分析(DEA)模型,即从产出不变、投入减少的角度构建模型得出我国战略性新兴产业创新能力,在计算出纯技术效率的同时,计算出了综合效率和规模效率,并直接给出在纯技术效率情况下每个决策单元的规模收益情况。

纯技术效率是剔除企业技术创新规模水平后的结果,能够反映战略性新兴产业的技术水平以及研发管理水平。规模效率是除技术本身影响外的人力、物力、财力投入的合理性水平。综合效率是纯技术效率与规模效率的综合反映,它直接反映了决策单元的数据包络分析(DEA)有效性。

规模报酬是指在其他条件不变的情况下,企业内部各生产要素按相同比例变化所带来的产量的变化。规模报酬递增是企业在加大投入时,产量以高于投入倍数的幅度增长的情况;规模报酬递减是企业在加大投入时,产量以低于投入倍数的幅度增长的情况。

(一) 战略性新兴产业创新能力静态分析

经数据包络分析(DEA)方法测算后的战略性新兴产业创新能力如下：

表 2-5　2010—2013 年我国战略性新兴产业的技术创新能力

年份	综合效率平均值	纯技术效率平均值	规模效率平均值
2010	0.196	0.327	0.611
2011	0.069	0.176	0.467
2012	0.257	0.414	0.641
2013	0.186	0.356	0.535

由表 2-5 可以看出,2010—2013 年我国战略性新兴产业的技术创新能力均偏低,且纯技术效率均低于规模效率,综合技术效率低下是由技术效率和规模效率较低共同导致的,虽然存在一定程度的技术无效率,但纯技术效率较低是造成综合技术效率低下的主要因素,说明我国战略性新兴产业的技术创新还处于初级阶段,缺乏自主创新能力,存在创新资源投入重复而造成浪费的问题。

1. 2010—2013 年战略性新兴产业技术创新能力评价结果分析

141 家战略性新兴产业上市企业中,2010 年有 7 个有效决策单元,其中技术有效的有 13 个,规模有效的 8 个。综合效率值小于 0.5 的决策单元有 130 个,占总数的 92.2%。

2011 年的综合效率平均值为 0.069,有 2 个有效决策单元,其中技术有效有 9 个,规模有效有 3 个。综合效率值小于 0.5 的决策单元有 137 个,占总数的 97.16%。

2012 年的综合效率平均值为 0.257,有 5 个有效决策单元,其中技术有效的有 12 个,规模有效的有 6 个。综合效率值小于 0.5 的决策单元有 119 个,占总数的 84.4%。

2013 年战略性新兴产业的综合效率平均值为 0.186,有 4 个有效决策单元,其中技术有效的有 10 个,规模有效的有 4 个。综合效率值小于 0.5 的决策单元有 130 个,占总数的 92.2%;纯技术效率值低于 0.5 的有 103 家,占总数的 73.05%;规模效率值小于 0.5 的有 69 家,占总数的 48.94%。

综上所述,我国战略性新兴产业的整体效率水平都很低,绝大多数企业的技术创新能力需要进一步得到提升。纯技术效率平均水平偏低,并且低于规模效率平均值,这是导致我国战略性新兴产业综合效率水平较低的主要原因。

2. 规模报酬分析

表 2-6　2013 年战略性新兴产业规模报酬统计表

规模报酬	企业数量(个)	占样本企业总数比例(%)
递增	103	73.05
递减	32	22.70
不变	6	4.26
总计	141	100

由表 2-6 可知,所选的 141 家战略性新兴产业企业中处于规模报酬递增阶段的有 103 家,达总数的 73.05%;规模报酬处于递减的有 32 家,占总数的 22.70%;规模报酬不变的有 6 家,占总数的 4.26%。可以看出大部分企业技术创新的投入规模还没有达到最佳状态而处于创新规模报酬的递增阶段,因此应在改善技术创新、制度创新和管理变革的同时追加资源投入力度,扩大创新规模,从而提高技术创新能力。

3. 指标冗余结果分析

对 2013 年战略性新兴产业非数据包络分析(DEA)有效的输入冗余进行分析,由分析结果得到,相对于固定的销售收入、专利申请书等产出,从 R&D 研发人员、研发支出等投入指标来看,我国战略性新兴产业的创新投入冗余现象明显,主要是研发经费投入过多而没有得到充分利用,科技人员也存在不同的冗余程度,说明在技术创新投入上存在较大浪费,大量的科技人员和研发经费投入没有发挥应有的功效。

虽然技术创新能力的提高要通过规模化来实现,但是规模化并不是简单的投入量的增大,没有成效的投入只会导致资源浪费,从而造成整体效率下降。因此我国战略性新兴产业应加强创新资源的合理分配,用最少的创新资源创造出最大限度的产出。

（二）基于马姆奎斯特（malmquist）指数对我国战略性新兴产业进行效率动态评价

1. 2010—2013 年战略性新兴产业总体创新能力评价分析

本书运用了马姆奎斯特全要素生产力指数分析方法,利用数据包络分析（DEA）P2.1 软件对 2010—2013 年我国战略性新兴产业创新能力进行动态评价,得到结果如表 2-7、表 2-8 所示。

表 2-7　2010—2013 年我国战略性新兴产业创新能力值

时间	综合效率变化	技术进步变化	纯技术效率变化	规模效率变化	全要素生产率变化
2010—2011	0.186	0.746	0.738	0.252	0.139
2011—2012	7.954	0.443	1.709	4.654	3.522
2012—2013	0.593	1.406	0.715	0.828	0.833
平均值	0.957	0.774	0.966	0.990	0.741

通过计算发现,2010—2013 年我国战略性新兴产业的平均技术创新能力值为 0.957,距离生产前沿面还存在改进空间,呈现"先上升,后下降"的演变趋势。这说明战略性新兴产业的技术创新能力提升并不稳定,造成这种现象主要是因为纯技术效率和规模效率也是呈现"先上升,后下降"的演变趋势。

从纵向来看,2011—2012 年我国战略性新兴产业的纯技术效率大于 1,进步最快为 70.9%,2012—2013 年退步最大为-28.5%;2011—2012 年的规模效率进步最快,2010—2011 年退步最大;2012—2013 年技术进步最快为 40.6%,2011—2012 年退步最大为 55.7%;2011—2012 年我国战略性新兴产业的综合效率和全要素生产率进步最大,2010—2011 年退步最大。

从横向来看,2010—2013 年 141 家企业中纯技术效率大于 1 的有 59 个,占总数的 41.84%;规模效率大于 1 的有 77 个,占总数的 54.5%;综合效率大于 1 的有 64 个,占总数的 45.39%。技术进步大于 1 的有 28 个,占总数的 19.86%;全要素生产率大于 1 的有 37 个,占总数的 26.24%。

2. 2010—2013 年战略性新兴产业分行业创新能力评价分析

表 2-8　2010—2013 年我国战略性新兴产业分行业创新能力值

行业	综合效率变化	技术进步变化	纯技术效率变化	规模效率变化	全要素生产率变化
高端制造	1.04	0.79	0.99	1.03	0.79
节能环保	1.38	0.66	1.23	1.08	0.86
生物	1.23	0.75	1.25	1.01	0.95
新材料	0.97	0.87	0.94	1.02	0.82
新能源	1.11	0.82	1.11	1.01	0.90
新能源汽车	1.05	0.86	1.09	0.95	0.85
新一代信息技术	1.02	0.79	1.05	0.98	0.77
平均值	0.957	0.774	0.966	0.99	0.74

从综合效率来看,2010—2013 年我国战略性新兴产业中综合效率大于 1 的行业有高端制造、节能环保、生物、新能源、新能源汽车、新一代信息技术。其中节能环保行业的进步最大;仅新材料行业的综合效率平均值小于 1,退步为-3%。

从纯技术效率来看,纯技术效率平均值大于 1 的行业有节能环保、生物、新能源、新能源汽车、新一代信息技术。其中生物行业的纯技术进步最大,进步率为 25%;高端制造、新材料纯技术效率平均值小于 1;新材料的退步最大,为-6%。

从规模效率来看,规模效率平均值大于 1 的行业有高端制造、节能环保、生物、新材料、新能源。其中工业和医疗保健的进步最大为 3%;新能源汽车、新一代信息技术的规模效率平均值小于 1,其中新能源汽车的退步最大为-7%。

从技术进步和全要素生产率来看,技术进步的变化趋势与自主创新的全要素生产率的变化趋势基本一致,这从一定程度上反映了技术进步是全要素生产率增长的主要推动力。2010—2013 年我国战略性新兴产业 7 个行业的技术进步变化和全要素生产率变化均小于1。其中节能环保的技术进步均值退步最大,为-34%;新一代信息技术的全要素生产率均值退步最大,为-23%。

五、优化资源配置效率,提升创新能力

本书运用数据包络分析方法(DEA),对我国战略性新兴产业上市公司的创新能力进行了静态和动态评价。基于前文分析结果得出:我国战略性新兴产业的整体技术创新能力偏低,纯技术效率低于规模效率,由此可以看出这些企业中技术创新的人、财、物投入的结构存在很大的不合理性,也意味着企业技术创新的管理水平较低。因此,要从改善战略性新兴产业技术创新的投入结构方面着手,加强技术创新、制度创新与管理变革,提高其资源配置的能力,以此提高技术创新能力。同时,由于技术创新存在高风险性,我国战略性新兴产业大部分企业的技术创新投入规模没有达到最优状态,处于规模效益递增阶段的企业应加强对企业的技术创新投入力度;而处于规模效益递减阶段的企业应当在保持目前投入水平的同时,重点关注企业技术创新能力的提高,减少企业创新规模效率对综合创新能力的负面影响。

从行业角度来看,我国战略性新兴产业中节能环保、生物、新能源、新能源汽车行业的创新能力较强,新材料行业的技术创新能力最低,主要由于其纯技术效率较低。七大战略性新兴行业的技术进步水平偏低是造成全要素生产率低的主要原因,特别是新一代信息技术的全要素生产率退步最大。

总的来说,导致我国战略性新兴产业上市公司创新能力较低的主要原因是技术创新资源投入结构不合理,研发经费的使用效率低下,创新投入要素普遍冗余,资源配置效率较低,原始创新不足,知识产权保护体系不够健全,创新驱动战略下的自主创新体系不够完善,技术进步发展缓慢,创新驱动力不足。因此,为进一步提高我国战略性新兴产业的创新能力,抢占产业发展的技术制高点,应从提高纯技术效率和规模效率两方面来考虑。在加大创新资金和人力资本等创新资源投入力度的同时,不断优化资源配置效率,通过制度创新调动科研人员的积极性,创造更为宽松与开放的人才发展环境,加强创新人才建设,创建产、学、研、中介和政府构成的创新网络,实施知识产权战略;通过政府财政拨款、科研基金、银行信贷等支持战略性新兴产业技术创新活动的实施,同时优化科研经费的投入结构,提高创新资金的使用效率。此外,我国战略性新兴产业也要积极提高自身技术创新能力,从而全面提升产业技术创新能力。

第三章 科技金融与创新能力

科技金融与科技创新的协同发展有助于推动战略性新兴产业创新发展。本章选取全国 521 家战略性新兴产业上市企业为样本,运用 AHP 层次分析法,构建我国战略性新兴产业科技金融协同创新耦合度模型,实证分析当前我国各省市科技金融与科技创新协同发展问题。

一、科技金融内涵及作用机制

科技金融的概念在我国最早出现于 1993 年,目前已成为科技领域、金融领域理论研究和实践探索的热点。

(一)科技金融内涵

科技金融指的是促进科技开发、成果转化和高新技术产业发展的一系列金融工具、金融制度、金融政策与金融服务的系统性、创新性安排,是由向科技创新活动提供金融资源的政府、企业、市场、社会中介机构等各种主体及其在科技创新融资过程中的行为活动共同组成的体系。科技金融不是简单的"科技+金融"或简单的金融支持科技发展,而是通过一系列金融制度的创新安排,打破技术和资本壁垒,促进科技与金融深度融合、互动发展,产生科技创新与金融创新的价值叠加效应。具体地说,科技金融结合的内涵特征体现在:一是创新为本。创新是科技金融结合的基本路径,也是科技金融发展的不竭动力,既包含了科学技术方面的创新,也包含了金融体系方面的创新。二是双向融合。一方面金融对科技创新具有影响力、渗透力和推动力,另一方面科技创新也成为促进金融发展的重要手段,体现了科技与金融互为需求、相互促进、一体化发展,这种一体化发展体现在科技开发、成果转化和产业化的全部过程,体现在新兴产业企业从种子期、初创期、成长期到成熟期整个生命周期的每一个阶段。三是重在引导。由于信息不对称等原因,金融机构往往无法准确及时获得科技创新信息,从而很难对科技创新的风险进行评估,科技和金融的对接很难自然完成,需要发挥政府的推动引导作用。

(二) 科技金融的运行机制

科技金融的运行机制根据主导模式的不同可以分为政府主导型、市场主导型和社会主导型三类。

1. 政府主导型的科技金融

政府主导型的科技金融体现了政府对科技金融的重要作用,科技创新活动的公共物品属性和市场缺陷导致了政府干预的必要性,政府在金融资源配置中充当着引导者、服务者和监管者的角色。尤其是在与特定地区、特定行业有关的科技金融领域,政府主导的作用更为突出。

政府引导包括政策性引导和示范引导。政策性引导是政府通过制定政策法规引导科技金融的资源流向,提高相关科技产业收益,以实现资源的优化配置。示范引导则是政府率先直接进入某些高风险科技金融领域,通过带头示范作用引导市场进入。政府服务是通过优化政策环境、完善市场机制以及加强信用、创新意识的宣传等方式,充分发挥政府的服务职能。政府监管是科技金融发展的必要保障,科技资本市场运行、资金流向及运作、市场主体的行为等无一不需要政府的监管。

2. 市场主导型的科技金融

市场在资源配置中起决定性作用也适用于科技金融市场,市场主导型的科技金融是科技金融的主要运行机制,它可以分为资本市场主导型和银行主导型。

资本市场主导型的科技金融通过资本市场满足企业的融资需求,战略性新兴企业可以在资本市场上获得企业发展所需的资金,这里的资本市场往往是服务于科技企业的创业板市场。通过股权融资,风险在不同风险承受能力和风险偏好的投资者之间分配,战略性新兴企业获得资本、获得高成长性。然而资本市场的波动性较大,当证券市场行情不景气时,企业经营会受到损害。银行主导型的科技金融主要是由银行向企业提供资金,即企业通过银行债务融资。由于战略性新兴企业初期风险较大,而科技创新的成果难以货币化,银行向其放贷需要承担极大的风险,这在很大程度上降低了银行的积极性。

3. 社会主导型的科技金融

社会主导型的科技金融是在既有的文化背景和社会制度下形成的社会家庭关系对科技企业融资的作用,体现了社会对科技金融资源的配置。社会主导型的科技金融融资速度快、效率高,有效地解决了政府主导型科技金融配置效率不高的问题,也降低了市场主导型科技金融的信息不对称现象,是科技金融运行机制的有效补充。然而它也存在适用范围窄、缺乏有效监督管理机制等问题。

(三) 科技金融促进战略性新兴产业发展的作用机理

战略性新兴产业在科技创新和科技成果产业化阶段迫切需要资本的有力支持以满足产业的持续发展,而其天然的高风险属性使得资本与产业发展不匹配,科技金融的应运而生是战略性新兴产业发展的必然要求。科技金融通过资本形成、风险分散、约束激励等作用机理促进战略性新兴产业发展。

1. 资本形成机理

资本是产业发展的基础,尤其反映在战略性新兴产业上。战略性新兴产业的发展需要高资本投入和高人力投入,各个阶段的创新活动和生产活动都需要资本支持。创新活动存在高风险性,商业银行等机构不愿意在战略性新兴企业发展初期向其提供融资,而政策性金融则填补了这一融资缺口。政策性银行、政策性保险机构和政策性科技担保机构等利用政策和信息的优势,引领科技创新项目,加大 R&D 投入,支持战略性新兴产业的资本形成。利益竞争机制使商业性金融机构在后期开始加入,逐渐开展科技贷款业务来支持科技创新。

多层次的资本市场也发挥着重要作用。战略性新兴企业难以在主板上市,而创业板和新三板市场为处于初创阶段后期和扩张期的战略性新兴企业提供了筹资途径。各类风险投资机构和投资基金也是高新企业获取资金的可靠来源。

2. 风险分散机理

资本市场上存在着机构投资者和个人投资者,投资主体多元化。科技金融的风险分散机理体现在将风险在不同投资者之间进行流动性调剂。当资本市场更加完善、市场交易体制更加健全有效时,市场的参与主体更加多元,投资者更活跃,证券的流动性也就越高,风险分散的效果也就越好。此时战略性新兴企业也不再会一味偏好于银行等金融机构,而会将目光投向于更加多元的资本市场。

3. 约束激励机理

一方面,科技金融中介机构支持战略性新兴产业发展,企业提供项目的有效信息,中介机构挖掘投资价值,与其签订一系列信贷契约,将生产信息内部化。契约在各项条款上都有明确规定,在不同程度上对科技企业的行为形成约束。企业承担还本付息义务,同时还要定期汇报项目的进展情况并披露财务报告,科技企业与科技金融中介机构的密切联系有效监督并激励企业研发创新活动的审慎性和高效性,激励企业在日常生产活动和创新活动中提高经济效益。

另一方面,资本市场也存在着对战略性新兴企业的约束激励机理。资本市场的外部监管是对科技企业重要的约束力量,在这个公开的交易平台上,企业必须公示企业信息,投资者也可以通过行使股东权利参与企业管理、规范企业行为。市场价格和供求机制反映出来的信息有效激励企业提高创新效益,股权激励政策同时激励企业管理层减少短视行为,积极开展创新活动,追求长远发展。

二、战略性新兴产业科技金融耦合度评价

熊彼特在《经济发展理论》中提出金融中介在技术创新和经济发展中的重要作用,说明了金融支持对科技创新的重要性。近年来,面对错综复杂的国际经济形势,我国政府着眼未来,相继出台《关于培育和发展战略性新兴产业

的决定》《关于促进科技和金融结合 加快实施自主创新战略的若干指导意见》等多项振兴新兴产业发展的政策措施,以期转变经济发展方式,实现驱动创新,推动我国战略性新兴产业跨越式发展。然而,新兴产业具有投资高、风险大、回报周期长等特点,科技金融与战略性新兴产业实现协同发展并不容易,运用科学的计量方法评价我国当前战略性新兴产业与科技金融协同创新的耦合度显得意义重大。

本书选用 WIND 数据库的平安证券战略性新兴产业目录中的 521 家上市企业 2011 年的截面数据作为数据样本。从研究科技与金融的关系出发,运用实证方法构建战略性新兴产业科技金融协同创新耦合度模型,通过建立科学合理的科技金融创新体系寻找适合高科技企业快速发展的实现路径。

当前的研究主要从两个角度构造科技金融系统创新模型。一是以科技创新的时间顺序为依据,从科技产品的研发到科技产品的产出,从整个产业链的各要素出发,构建科技金融协同创新模型。二是从科技企业生命周期理论出发,根据企业发展、成长、成熟、衰退的周期性有针对性地提供资金支持,进而研究科技创新与科技金融之间的互动关系。本书选取以科技创新的时间顺序为依据(第一种)构建科技金融协同创新层次分析模型。

"耦合"一词来源于物理学概念,指两个或两个以上的体系或两种运动形式之间通过各种相互作用而彼此影响以致联合起来的现象。即通过两个系统的相互作用,使得两个系统的属性产生新的变化。[1]"科技创新"与"科技金融"属于两个子系统,两者之间具有密切的耦合协同关系。科技创新的发展可以推动科技金融的发展,反之亦然。两者可以通过协同互动实现正反馈效应。因此,本书把科技金融拆分为两大序参量,即以企业创新为主体的科技创新子系统和以金融创新为主体的科技金融子系统。

科技创新子系统按照企业进行科技产品研发的过程进行一级指标划分,分别为企业研发能力、产品成果转化能力、产业化能力和技术扩散能力。二级指标考虑变量的相关性和数据的可取得性分别取得(见表3-1)。

---

[1] 参见郝生宾、于渤、吴伟伟:《企业网络能力与技术能力的耦合度评价研究》,《科学研究》2009 年第 27 期,第 251—253 页。

　　科技金融子系统按照企业融资的主体进行一级指标划分,分别为公共金融支持和市场科技金融支持。公共金融支持主要指公共财政对科技创新的支持,市场科技金融支持主体主要分为银行、证券、风险投资者和保险投资机构。故根据各融资主体的不同特征划分相关二级指标(见表3-1)。

表3-1　战略性新兴产业科技金融协同创新模型①

序参量	一级指标	二级指标
科技创新子系统	研发能力 S1	三大检索论文数 S11
		发明专利申请数 S12
		发明专利授权数 S13
		研发费用 S14
	成果转化能力 S2	新产品产值占工业产值的比重 S21
		投入资产回报率 S22
		新产品销售收入占主营业务收入比重 S23
	产业化能力 S3	高技术产业增加值占工业增加值比重 S31
	技术扩散能力 S4	技术市场成交合同金额 S41
科技金融子系统	公共科技金融 F1	地方财政科技支出占地方财政支出比重 F11
	市场科技金融 F2	银行,科技信贷金额除以总贷款额 F21
		科技型上市公司总市值
		风险投资机构注册资本比重 F24
		风险投资机构所在地数量分布占全国比重 F25
		风险投资被投资地区分布比重 F26
		风险投资机构管理资本额度比重 F27

---

　　① 其中研发能力、成果转化能力、产业化能力、技术扩散能力和公共科技金融各指标由《2012中国科技统计年鉴》和《2012中国高新技术产业统计年鉴》获得,银行科技信贷利润率由《2012中国金融年鉴》获得,科技型上市公司总市值由WIND数据库获得,投入资产回报率由《锐思金融数据库》获得,风险投资机构注册资本比重、风险投资机构所在地数量分布比重、风险投资被投资地区分布比重、风险投资机构管理资本额度比重由《2012年中国创业风险投资发展报告》和《2012年中国风险投资年鉴》获得,高技术产业增加值占工业增加值比重由《各省2012年统计年鉴》获得。

通过对 2011 年 31 个省、自治区、直辖市的 521 家上市企业进行耦合度计算,运用 AHP 层次法计算出各指标变量的权重,并以每项指标最高值为基准对 31 个省、自治区、直辖市进行排名,通过排名与权重的乘积加总获得科技创新子系统和科技金融子系统序参量的排名,如表 3-2 所示。

表 3-2　科技创新子系统和科技金融子系统序参量排名

地区（省区市）	科技创新子系统序参量	排名	地区（省区市）	科技金融子系统序参量	排名
四川	8.8631	1	辽宁	6.087	1
江苏	9.0344	2	西藏	6.1223	2
湖北	9.0968	3	浙江	8.3346	3
北京	9.2061	4	黑龙江	9.2906	4
福建	9.7655	5	云南	11.5563	5
重庆	10.5036	6	福建	12.3025	6
山西	10.5283	7	河北	13.4828	7
安徽	11.8204	8	新疆	13.5357	8
青海	12.2841	9	四川	13.5673	9
山东	12.3761	10	吉林	13.8529	10
西藏	13.0908	11	江西	13.9986	11
辽宁	13.1111	12	天津	14.2399	12
上海	14.1581	13	上海	14.4128	13
陕西	14.4078	14	甘肃	14.459	14
河南	14.5224	15	安徽	14.5083	15
黑龙江	14.5458	16	海南	15.9487	16
吉林	15.2606	17	河南	16.4328	17
海南	15.6709	18	青海	17.4489	18
广西	15.9346	19	山西	17.5712	19
江西	15.9571	20	江苏	17.7105	20
甘肃	16.0386	21	广西	18.8818	21
天津	16.7307	22	湖北	18.9237	22

续表

地区 (省区市)	科技创新 子系统序参量	排名	地区 (省区市)	科技金融 子系统序参量	排名
贵州	16.7783	23	重庆	19.5716	23
浙江	16.8901	24	陕西	19.9781	24
河北	17.6659	25	广东	20.6277	25
湖南	17.7496	26	山东	20.984	26
宁夏	17.7559	27	贵州	21.1553	27
内蒙古	17.9436	28	宁夏	21.6881	28
广东	18.0673	29	湖南	22.8888	29
云南	18.0809	30	内蒙古	23.2049	30
新疆	21.3215	31	北京	23.2333	31

通过科技创新子系统序参量与科技金融子系统序参量的乘积,最终得出科技金融协同创新耦合度排名。

表3-3 我国战略性新兴产业科技金融协同创新耦合度排名

地区 (省区市)	排名	地区 (省区市)	排名	地区 (省区市)	排名	地区 (省区市)	排名
四川	1	安徽	9	河南	17	河北	25
湖北	2	山东	10	陕西	18	浙江	26
福建	3	西藏	11	甘肃	19	宁夏	27
北京	4	黑龙江	12	天津	20	内蒙古	28
江苏	5	辽宁	13	江西	21	湖南	29
山西	6	上海	14	海南	22	广东	30
重庆	7	吉林	15	贵州	23	新疆	31
青海	8	广西	16	云南	24		

由表3-2和表3-3的数据结果可以看出:

一是我国各地区科技金融协同发展水平差距较大。表3-2可以看到全国各省中排名前五位的是四川、湖北、福建、北京、江苏,前五名中东部发达省份占到了多半。而排名后五位的是宁夏、内蒙古、湖南、广东、新疆,其中中西部贫困地区比重较大。这表明我国科技金融发展水平具有从东向西逐渐降低的趋势,需要加大对西部地区科技金融的关注,通过政策引导、税收优惠等方式促进西部地区科技金融协同发展。

二是我国各地区科技金融协同发展水平差异较大,各省区市企业科技创新水平与科技金融发展水平不协同。突出表现为东部发达地区企业科技创新能力高于科技金融发展水平,科技创新水平与科技金融水平差异较大的几个地区为北京、新疆、浙江。以北京市为例,其科技创新发展水平全国排名第四位,而科技金融发展水平全国排名倒数第一,究其原因,除了科技创新能力增长速度快于科技金融增长速度以外,还由于地方财政科技支出占地方财政支出比重较低,导致其科技金融发展水平远低于科技企业创新能力。其他差距过大的各地区均有其原因。

三是地区经济发达并不代表科技金融协同发展水平好。由表 3-2 可以看出,广东、浙江 GDP 均位于全国前五位,但其科技金融协同耦合度排名分别仅位于第 30 名、第 26 名。而青海、西藏等地区 GDP 落后于全国平均水平,但其科技金融协同发展水平却高于全国平均水平。因此,科技金融发展水平与地区经济发展水平成弱相关性。同时表明我国战略性新兴产业在经济实体中所占比重较低,需要加大扶持战略性新兴产业,提高其对地区经济增长的带动效应,推动地区发展。

三、战略性新兴产业科技金融结合影响因素

本书基于层次分析法(AHP)的综合分析法对当前我国战略性新兴产业科技金融影响因素进行评估。层次分析法(AHP)是由美国运筹学家萨蒂(Saaty)提出的一种系统分析方法,其主要特点是将定性分析与定量分析相结合,在进行多准则多目标问题的评价分析时能够取得较好效果。它依据对目标的影响因素之间所存在的相互关系,将总目标分解为不同层次,并通过层次单排序和总排序以求出各个指标的权重。

通过矩阵分析,运用层次分析(AHP)软件,加总和调整判断矩阵得到如下结果。

表3-4 科技创新子系统判断矩阵

科技创新子系统	研发能力	成果转化能力	产业化能力	技术扩散能力	权重
研发能力	1.0000	1.0000	5.0000	7.0000	0.4237
成果转化能力	1.0000	1.0000	5.0000	7.0000	0.4237
产业化能力	0.2000	0.2000	1.0000	3.0000	0.1025
技术扩散能力	0.1429	0.1429	0.3333	1.0000	0.0500

表3-5 研发能力判断矩阵

研发能力	检索论文	专利申请	专利授权	研发费用	权重
检索论文	1.0000	0.2000	0.1667	0.3333	0.0582
专利申请	5.0000	1.0000	0.5000	5.0000	0.3372
专利授权	6.0000	2.0000	1.0000	5.0000	0.4991
研发费用	3.0000	0.2000	0.2000	1.0000	0.1055

表3-6 科技成果转化能力判断矩阵

成果转化能力	新产品产值占工业产值的比重	投入资产回报率	新产品销售收入占主营业务收入比重	权重
新产品产值占工业产值的比重	1.0000	0.2000	0.3333	0.0963
投入资产回报率	5.0000	1.0000	3.0000	0.5579
新产品销售收入占主营业务收入比重	3.0000	0.3333	1.0000	0.2495

由表3-4可知,战略性新兴产业在科技创新过程中研发能力与成果转化能力的权重均为0.4237,表明企业的研发能力和成果转化能力相同重要,企业在科技创新中应该努力提高自我研发能力和成果转化能力,切实把科研成

果转变为生产力创造市场价值。由表3-5可知,企业研发能力中权重最高的是专利授权,而研发费用的权重仅为0.1055,表明地方政府应该加强知识产权保护,知识产权保护力度的加大有助于企业提高自我研发能力。由表3-6可知,科技企业成果转化过程中影响因素最强的是投入资产回报率,表明战略性新兴产业具有高投入、高回报的特征,投入资产回报率较高,有利于金融机构进行投资获取相关收益。

表3-7　科技金融子系统判断矩阵

科技金融子系统	市场科技金融	公共科技金融	权重
市场科技金融	1.0000	5.0000	0.8333
公共科技金融	0.2000	1.0000	0.1667

表3-8　市场科技金融判断矩阵

市场科技金融	风险投资被投资地区分布比重	科技型上市公司总市值	风险投资机构注册资本比重	风险投资机构所在地数量分布比重	风险投资机构管理资本额度比重	银行科技信贷金额除以总贷款额	权重
风险投资被投资地区分布比重	1.0000	0.3333	5.0000	7.0000	3.0000	0.5000	0.1825
科技型上市公司总市值	3.0000	1.0000	7.0000	9.0000	5.0000	2.0000	0.3982
风险投资机构注册资本比重	0.2000	0.1429	1.0000	3.0000	0.3333	0.2500	0.0497
风险投资机构所在地数量分布比重	0.1429	0.1111	0.3333	1.0000	0.2000	0.1250	0.0256
风险投资机构管理资本额度比重	0.3333	0.2000	3.0000	5.0000	1.0000	0.2500	0.0899

市场科技金融	风险投资被投资地区分布比重	科技型上市公司总市值	风险投资机构注册资本比重	风险投资机构所在地数量分布比重	风险投资机构管理资本额度比重	银行科技信贷金额除以总贷款额	权重
银行科技信贷金额除以总贷款额	2.0000	0.5000	4.0000	8.0000	4.0000	1.0000	0.2542

由表3-7可知,科技金融子系统企业的资金主要以由市场为主体的相关金融机构为主要融资渠道,市场融资是当前我国科技企业融资的主要渠道,其权重占到了0.8333。由表3-8可知,科技型上市公司总市值为0.3982,表明企业主要通过证券二级市场融资。科技型企业上市的偏好更高,资本市场可以为其科技创新提供较大的资本支持。其次科技信贷率的权重占到了0.2542,表明企业对银行信贷的依赖度较高,银行依然是战略性新兴产业科技发展的主要融资主体。

四、科技金融结合,提升创新能力

综合本章实证分析的研究结论,就推进战略性新兴产业科技金融结合提升创新能力提出建议如下。

(一) 切实推动企业加强科技研发投入,促进科技成果实现产业化转化

政府应该依据各地区科技金融发展情况,一方面有针对性地加大投入,通过政府引导、扶持等形式在各地区形成以科技创新为主导的企业发展理念,例如给予科技创新企业税收优惠,通过建立科技企业创新专项发展基金等形式给予引导,引导企业加大科技研发投入。另一方面,构建多元化科技孵化器,引入市场机制,建立投资性、营利性、公司运作化的科技孵化器,形成政府适度出资,科技企业搭台运营,高校、科研机构提供技术支持的科技成果转化平台,

切实促进科技成果实现产业转化,形成市场价值。

(二) 优化科技中介服务功能,创新知识产权保护体系

当前我国知识产权保护力度有待提高,科技企业主要以科研创新为主,加强知识产权保护有助于推动科技企业创新。可以适当培育和发展科学权威的科技成果鉴定、评估等方面的中介机构,优化中介机构服务科技企业的相关职能,建立科学合理的战略性新兴产业无形资产评估评价机制。在全国范围内建立完善的科技知识产权交易中心,切实实现科技企业知识产权保护,推动知识产权交易,尽量实现信息对称下的科技企业创新发展体系,提高企业研发效用。

(三) 激活金融机构服务新兴战略产业的相关职能,切实服务科技型企业

当前我国科技金融发展水平不平衡,东部地区经济发达,金融机构竞争较大,存在信息寻租、竞争过剩造成的交易成本增加等现象。而中西部经济欠发达地区,金融机构相对较少,存在"金融抑制"现象。两种情况都造成了区域内科技金融发展水平滞后于科技创新发展水平,因此应该激活不同金融机构服务科技型企业的职能。一是构建区域性股权融资平台,引导高技术企业通过股权融资,逐步引导高技术企业通过 IPO 等形式实现二级市场融资。二是加快发展保险业对高技术企业科技创新的支持,依据高技术企业科技发展具有高风险的特征拓展适合科技企业创新的险种,充分发挥现代保险业在科技创新中的经济补偿和资金融通功能。而且保险公司的投资机构偏好于"高风险,高收益"项目,科技企业特征正好与其偏好匹配。三是完善多层次科技金融市场。根据不同地区科技企业发展与经济现状,整合当地金融资源,建立具有地方特色的科技创新专业银行,通过该银行有针对性地对科技企业提供相应的资金服务。

(四) 构建高技术企业多元化融资渠道

我国战略性新兴产业发展水平较低,正处于历史发展的机遇期,其具有

"高投入、高风险、高收益"特征,从产品研发到成果转化需要大量资金投入,构建多元化融资渠道可促进科技向生产力的转化。一是建立科技金融银行,可以借鉴日韩银行业的"供应链金融",引导银行、基金等资金服务于科技企业创新的整个产业链。例如依据科技企业对资金的不同需求,建立适合高科技企业的金融产品,提高贷款利用率。二是由政府建立战略性新兴产业融资区域平台,适度发行科技债券,充分利用社会闲余资金。三是建立战略性新兴产业发展基金,专项解决企业创新发展过程中的资金需求问题。可借鉴美国"企业家金融"模式,设立由政府引导。专业投资机构负责资金运作管理的基金,重点投资科技成果产业化项目和高技术企业研发已初具规模的项目,进而培育出高技术龙头企业,回馈金融机构的同时带动相关科技中小企业发展,实现辐射、放大效应。

第四章　融资结构与创新能力

在中国经济发展的新常态下,战略性新兴产业的发展将助推我国产业结构的优化升级。技术创新是战略性新兴产业发展的核心动力,而创新离不开资金支持。战略性新兴产业具有什么样的融资结构? 其融资结构是否显著影响了其创新能力? 本章将围绕这一问题详细探究。

一、融资结构理论分析

简要说明有关融资结构的代表性理论如下。

(一) 早期融资结构理论

1. 净收益理论

净收益理论以股东资本成本固定且企业能以固定利率无限额获得债务资本作为假设前提。由于债务资金成本低于权益资金成本,故企业可以通过增加债务资本的比重来降低综合资金成本,从而增加企业价值。该理论的假设条件过于极端,不符合现实而难以成立。

2. 净经营收益理论

净经营收益理论认为企业价值与融资结构无关,净经营收益是决定企业价值的因素。当负债比例增加时,虽然负债的资本成本低于权益资本成本,但负债的增加却加大了权益资本的风险,使得加权平均的资本成本随着负债比例的提高而保持不变。这一理论假定负债增加所降低的资本成本正好抵消所引起的权益资本成本的增加,与实际不符。

3. 传统折衷理论

传统折衷理论对净收益理论和净经营收益理论进行了融合,该理论认为存在一个最佳融资结构点。在达到这一临界点之前,负债比例的提高所带来的资本成本的降低大于权益资本成本的上升,使得企业总的加权资金成本下降,企业价值增加;在达到临界值以后继续提高负债的比例将使得权益成本的上升不再能为债务的低成本所抵消,企业价值下降。加权平均资本成本呈一条"U"型曲线,曲线最低点是融资结构达到最佳的点。

早期融资结构理论由于所处历史发展阶段的局限性,对融资结构的分析以定性分析为主且与实际情况不符。

(二) 现代融资结构理论

1. 莫迪里亚尼—米勒(MM)定理

莫迪里亚尼—米勒(MM)定理认为在具备完美资本市场的经济中(资本市场完善、无交易成本、无公司所得税和个人所得税等),企业的市场价值与融资结构没有关系。即任何企业的市场价值与其融资结构无关,而是取决于按照其风险程度相适应的预期收益率进行资本化的预期收益水平。虽然这一理论的假设条件过于严格,在现实中无法满足,但是莫迪里亚尼—米勒(MM)定理为研究融资结构提供了一个模型。

修正的莫迪里亚尼—米勒(MM)定理将公司税收因素纳入模型进行研究,公司获取的债务资本需要还本付息而利息费用可以在税前扣除,因而负债比例的增加会减少公司税收、降低资本加权平均成本从而增加企业的价值。

2. 均衡理论

类似于传统折衷理论,尽管负债可以给企业带来税收上的优惠,但是负债比重的逐步增加并不能使综合资本成本一直下降,反而会使得企业的财务风险增大甚至面临破产风险,因而最佳的资本结构出现在当边际负债所带来的税收收益与边际破产成本相等时,这就是均衡理论。因此,企业的债务融资并不是越多越好。

（三）新融资结构理论

1. 代理成本理论

委托—代理理论由伯利和米恩斯首次提出。在现代企业制度中,企业的所有权和经营权分离。由具有经营管理才能的职业经理人对公司进行运营并获取报酬,而企业所有者享受利润。由于所有者和经营者在利益上存在冲突即所有者追求的是利润最大化而经营者追求的是报酬、社会地位、代理权等,这样就不可避免产生了委托—代理的成本。

詹森(Jensen)和梅克林(Meckling)将委托—代理理论的分析加入融资结构中,认为存在最佳的融资结构,即当负债融资的边际收益等于负债融资的边际成本时。由于企业融资构成中股权资本和债务资本的差异而存在企业所有者、经营者和债权人三者之间的冲突。具体而言:一是股东与职业经理人之间的利益冲突。职业经理人努力经营公司却不能得到公司成长的全部利润,这使得经理人有利用职权为自己谋取利益的动机,而这又违背了股东的利益。债务融资的增加可以通过扩大经理人的持股比例来降低与股东之间的冲突,即债务融资利益。二是股东与债权人之间的利益冲突。股东获得债务融资后倾向于将其投向高风险高收益的投资项目以追求利益最大化,而债权人投入资本以保证资本安全为前提定期获得利息到期收回本金。无论投资项目成功与否,债权人只能获得约定的利息。而股东却可以享受项目成功的超额收益或将投资失败的损失转嫁给债权人。由于这种利益上的冲突,债权人会约定资金使用的方向并对其进行监督,当发现其有资产替代的行为时会要求增加债务资本的使用成本即债务融资的代理成本。

2. 优序融资理论

迈尔斯(Myers)于1984年提出了优序融资理论。该理论论证了企业在融资时应该采取的先后顺序,即由内向外先采用内部留存资本然后债务融资最后股权融资。内部留存收益是公司企业以前年度经营提取的法定盈余公积、盈余公积、未分配利润。作为企业自身拥有的用以扩大经营的资金,其资本成本最低,是企业获取资金的首选。而债务融资除了具有节税而降低资金成本的好处以外,在一定程度上向投资者传递了企业优质的信号,而股权融资则往往向投资者传递了资金不足、上市圈钱的信号。为了规避信息不对称造成的

投资损失,投资者所要求的资金回报率就会提高。

3. 信号传递理论

在市场经济中广泛存在着信息不对称的现象,信息不对称理论认为市场中卖方比买方更了解有关商品的各种信息,掌握信息的一方可以通过向信息匮乏的一方传递可靠信息而在市场中获益。拥有较少信息的一方会努力获取另一方的相关信息,市场信号在一定程度上可以弥补信息不对称问题。

1997 年罗斯(Ross)将信息不对称理论融入融资结构的分析中发展出信号传递理论。该理论认为投资者可以从公司的融资结构中获取有关公司想表达传递的信号,从而判断公司的前景。比如高负债的企业被投资者们看作是企业质量好的一个信号。因为企业的高负债意味着企业信誉好、投资项目具有发展前景,因而可以筹集到资金,经营状况差的企业则由于较高的破产预期而难以获得债务资本。由于融资结构是表现公司好坏的信号,故管理者会选择能起到正面影响的融资结构。

二、战略性新兴产业企业融资情况

近年来我国战略性新兴产业企业融资和创新发展取得了显著成果。

(一)战略性新兴产业融资现状

1. 股权融资

股权融资是战略性新兴产业的主要融资渠道。战略性新兴产业由于处于发展初级阶段而具有较大的风险性,发行债券、向银行贷款尤其是长期贷款的难度较大。国家为了鼓励和支持战略性新兴产业发展,建立多层次的资本市场体系,设立了创业板为符合条件的战略性新兴产业提供融资渠道。越来越多的战略性新兴产业通过在创业板上市进行股权融资。至 2011 年 7 月,创业板 245 家战略性新兴产业上市公司通过股权融资 1782.7 亿元。从具体公司看,股权融资率基本在 50%以上。

2. 债务融资

债务融资主要是指通过银行贷款、发行债券的方式进行融资。从战略性新

兴产业的融资结构来看,由于发行债券的条件较为严格,只有不到1%的企业可以通过发行债券融资。而大部分战略性新兴产业也只能获得银行短期贷款,一方面由于银行规避风险惜贷,另一方面也与我国目前存在金融歧视的现状有关。

3. 外商投资

我国经济的飞速发展对外资的吸引力不断增强,战略性新兴产业作为一个有巨大发展潜力的新兴行业不断吸引外商进行投资,为战略性新兴产业的发展提供了资金支持。

从下图可以看出,战略性新兴产业利用外资的企业数量经过2005年以前的快速增长以后呈逐步下降趋势,但利用外资的规模却不断扩大。这一方面说明战略性新兴产业融资的渠道日益多元化,另一方面表明外商对新兴产业的投资力度不断加大。

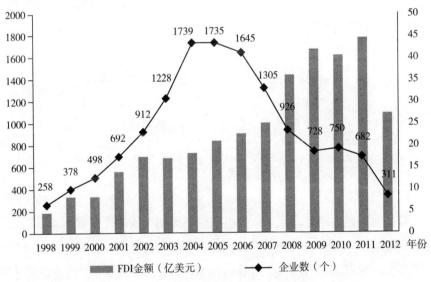

图4-1　1998—2012年战略性新兴产业利用外资趋势图

资料来源:中国工程科技发展战略研究院:《中国战略性新兴产业发展报告2013》,科学出版社2013年版,第35—42页。根据相关数据整理。

(二)战略性新兴产业创新现状

1. 研发投入规模不断扩大

从国家科研投入总量来看,2012年国家研发经费总投入10298.4亿元,

比 2011 年增加 1611.4 亿元,增幅达 18.5%;研发经费与 GDP 之比为 1.98%,同比增加 0.14%。从经费的具体投向来看,2012 年大中型高技术产业企业研发经费规模达到 1491.5 亿元,与 GDP 的比值为 1.46%。其中,航空航天器制造业的比值最高,为 7.3%。

与其他国家比较而言,研发经费的增速加快。2011 年我国研发经费规模超过 8687 亿元,折合 1344 美元。研发经费规模继续保持高速增长,2008—2011 年平均增速达 29.1%,是全球增速最快的国家。然而与美国、日本等发达国家相比,我国研发投入在规模上仍存在较大差距。如下表所示:

表 4-1 主要国家研发经费

单位:百万美元

国别	2008 年	2009 年	2010 年	2011 年
中国	66430	84933	104318	134443
美国	406258	405072	408657	415193
日本	168125	169047	178816	—
法国	60155	59506	57462	62447
德国	97457	93097	92641	102442
英国	47138	40291	40734	43097

资料来源:国家统计局:《2011 年全国科技经费投入统计公报》,2012 年 10 月 25 日,见国家统计局网站 http://www.stats.gov.cn/tjsj/tjgb/rdpcgb/qgkjjftrtjgb/201210/t20121025_30487.html。

衡量一个企业或产业技术创新投入大小的核心指标是研发资金投入强度,用研发资金投入与同期总产值两者的比值表示。2012 年我国七大战略性新兴产业中基本上有 50% 以上的企业研发强度在 5% 以上;30% 左右的企业研发强度在 10% 以上,研发强度在 20% 左右的企业占到 10% 左右。具体到各个产业其研发强度很不均衡,如新一代信息技术产业研发强度在 20% 的企业占到了 28.6%,而新材料产业这一比例仅为 7.3%。

2. 科研人才大量涌现

技术竞争归根结底是人才的竞争。2011 年我国科技人力资源总量达到 6300 万人,同比增长 10.5%,科技人力资源总量规模保持世界第一。2011 年我国投入研发活动的劳动力达 401.8 万人,博士学历 25.2 万人,硕士学历

56.6 万人,本科学历 127.9 万人。2011 年我国研发人员总量达 288.3 万人,比 2011 年增加 32.9 万人,年增长 12.9%。我国高技术产业研发人员总量由 2003 年的 12.8 万人增长至 2012 年的 52.6 万人。

3. 创新成果显著增长

2013 年 3 月 28 日,科技部发展规划司公布的监测数据显示,2012 年科技促进经济社会发展中全国科技促进经济社会发展指数为 67.98%,同比提高了 2.8%。

2012 年国家知识产权局受理专利的申请总量达到 2050649 件,同比增长 26%;专利授予量 1255138 件,同比增长 31%。此外,中国 2012 年共提交 18627 件国际申请专利,同比增长 13.6%,专利申请量与德国接近。其中,中兴通讯以近 40% 的增长率居世界最大申请人首位,华为以 1801 件的申请量获得全球最大申请人第四名。

从创新类型来看,渐进式创新是我国战略性新兴产业创新的主要形式,其中又以实用新型创新为主,而技术含量比较低的外观设计所占比例较低。突破式创新进步明显,甚至是某些产业的主要创新方式。从具体产业来看,新一代信息技术产业、生物产业、新材料产业由于具有技术更新换代周期短的特点,其突破式创新在其创新类型中优势明显。而新能源汽车行业由于难以突破关键核心技术,外观设计创新比例显著高于其他产业。表 4-2 是战略性新兴产业不同创新类型的比例。

表 4-2 技术创新不同类型的比例

单位:%

创新类型	主要方式	节能环保产业	新一代信息技术产业	生物产业	高端装备制造业	新材料产业	新能源产业	新能源汽车产业
突破创新	发明专利	39.1	42.3	70.5	37.3	69.3	30.8	21.1
增量创新	实用新型	55.0	31.7	13.6	57.9	27.6	64.7	48.9
	外观设计	5.9	26.0	15.8	4.8	3.1	4.5	30.0

资料来源:根据战略性新兴产业上市公司 2014 年年报中的专利数据整理,年报见上海证券交易所官网 http://www.sse.com.cn,深圳证券交易所官网 http://www.szse.cn。

三、融资绩效实证分析

很多学者的研究都支持内源融资是企业研发创新活动最重要的资金来源渠道。研发项目一般周期长而且收益具有不确定性,外部投资者难以分辨它们的质量。研发具有高柠檬溢价而难以获得外源融资。当企业利用外部融资机会进行研发活动时,会受到风险评估所产生的道德问题的限制,因而不利于其创新绩效提升。此外,研发项目缺乏可以用来抵押的有形资产而不能缓解激励问题,这些原因都使得外部投资者不大愿意为研发创新提供资金。企业不大愿意利用外部融资进行研发是因为向市场揭示创新价值的成本太大。

20世纪90年代以前对这一问题的研究以经验上的定性分析为主,随后越来越多的学者就两者间的关系进行了量化研究。研究显示,美国、英国和加拿大规模较小的企业主要依赖内部资金进行研发创新,与之相反,利用银行贷款进行外部融资则是日本、德国、法国同等规模企业研发资金的主要来源。前者依靠内源融资的主要原因是企业的无形资产比例过高且研发投资具有很高风险,后者利用外源融资是因为银行愿意对企业的研发活动进行监管。

在了解了内源融资对企业创新的重要作用后,为了进一步探讨外源融资不同方式与企业创新之间的关系,大部分学者从股权融资和债务融资两个角度展开研究。研发支出是一项风险大、周期长的投资活动,其产出的不确定性很大。即使研发成功,产出也多以无形资产形式存在,具体的价值不易量化,因而难以作为抵押品。金融机构出于风险收益的权衡会谨慎地进行研发资金的放贷。债务融资并不一定不利于企业创新。当企业的财务杠杆率维持在一定区间内时才能在保证企业在合理利用债务筹资所带来税收优惠的同时又能避免过高的财务风险,因而企业所有者会将财务杠杆率与管理者的绩效评定挂钩。在此约束条件下,当企业财务环境较为宽松即杠杆率较低时才更倾向于进行创新的研发投入。

股权集中度、决策权的分配等企业股权结构的内在特征对企业研发活动和实际产出有实质影响,尽管内在因素决定了企业的研发活动,但高度集中的股权和利用债务融资不利于企业在研发上的投入和产出。高度集中的股权结构或者控股小股东的存在不利于增加企业研发强度,投票权的过度集中与研发经费支出和研发成果之间是负相关关系。企业专利注册量显著地受到外资持股和集团持股的影响,国有持股和机构持股有助于改善企业的创新绩效,但这种影响具有滞后性,内部持股对企业创新绩效的影响程度很低,而高度集中的股权结构与企业创新绩效并没有显著的关系。单一股东控制结构的企业更倾向于将研发转化为产品创新,而多元化股东控制结构的企业则通常善于利用外部的人力和知识资本。

从国外学者的研究成果来看,由于在研究的时间、方法、样本等各方面都存在差异,对股权融资、债务融资不同的融资方式与企业创新之间的关系并没有得到统一的结论。

由于我国特殊的国情,建立现代企业制度起步较晚,因而对融资结构的研究也相对落后。改革开放至今,日益激烈的市场化竞争使得创新越来越被企业所重视,相关学者对融资结构与创新绩效之间的关系展开了广泛的研究。

关于内源融资与企业创新间的关系,国内学者的研究结论和国外学者基本一致。中小企业由于成立时间短、规模小等特点在进行创新时面临着较大的外部融资约束。既难以获得发行股票上市融资的机会,也达不到发行企业债券的条件,即使从银行等金融机构取得贷款也面临着较大的财务风险。故中小企业在融资方式的选择上更依赖内源融资。

中小型高新技术企业自身的特质和所处的金融环境不符合传统的融资优序理论。如信息不对称的存在使企业在进行创新时倾向于利用内部融资进行前景好、风险低的项目,而对于风险较高的项目则选择风险投资等外部融资方式。因而中小型高新技术企业应根据不同发展阶段的风险特点选择不同的融资顺序,在风险较高的阶段应以内源融资为主。

企业主要依靠内部融资进行创新活动,而外部融资对企业创新活动的影响因企业所有制结构的不同而存在差异。即国企在内源资金不足时会依赖银行贷款进行研发创新,而非国企则会选择股权融资的方式筹集资金进行研发投资。我国金融体系不够完善是造成这种差异的主要原因。

无论内源还是外源融资,其融资约束的减少都会显著提高对创新的研发投入,从而提高创新能力。但其影响程度却因企业所有制的不同而具有差异性。即民营企业主要依赖内源融资进行创新,而国有企业和外资企业则更加依赖外源融资。打破国企垄断地位,金融市场的逐步完善以及多层次资本市场的发展可以缓解融资约束从而促进创新能力的提高。

国内学者在研究股权融资、债务融资对企业创新的影响时,也因主客观各种因素的差异而得到不同的结论。无论是从融资约束还是股权集中度来看,民营企业的创新能力都显著地高于国有企业。民营企业的生存压力对其创新的激励作用远远超过国有企业是造成这种差异的主要原因。控制权私人收益随着股权集中度的提高而增加,且对企业创新有显著的促进作用。虽然创新项目的风险会降低大股东对研发的投入,但是单一项目的风险并不会改变这种关系。企业的股权结构分散更有利于企业创新绩效的提高,当企业的财务杠杆率较低时会注重对研发的投入;而当企业股权结构分散但财务杠杆却很高时,会抑制企业的研发创新活动。反之,企业股权结构集中且同时具有低杠杆率也会对企业创新形成促进作用。

通过对国内外相关文献的梳理总结,可以看到,融资结构与企业创新之间的关系并没有定论,甚至同一个研究角度能得出相反的结论。造成这种差异的原因可能有以下几个方面:一是各国的国情不同。各个国家由于所处的历史发展阶段、经济政治制度都不一样,企业的发展环境、发展程度也不同,在这种情况下进行研究所得出的结论出现差异甚至相悖也就很容易理解。比如美国作为典型的资本主义发达国家,市场经济发展充分、资本市场完善、社会更加开放和包容,因而企业在融资结构的选择上会倾向于股权融资。而我国作为一个典型的发展中国家,正处于社会主义初级阶段,在市场经济体系、金融资本市场、产权制度等很多方面都还不完善,这使得企业在创新时倾向于选择内源融资。二是研究视角不同。企业创新绩效受到多种因素的影响和制约:宏观上,国家的发展阶段、法律制度、市场环境、教育制度等各个方面都影响到一国的创新环境;中观上,行业的发展阶段、集中度、所处的市场竞争环境等是影响一个行业是否有创新动力的因素;微观上,企业的历史积累、发展规模、资本结构、发展战略、企业家领导力、员工素质等决定了一个企业的创新能力和发展前景。这些因素交织在一起决定了企业的创新能力。不同学者的研究视角不同得出的结论也会有所差异,即使研究的视角相同也会因研究对象、模型选择、数据获取、个人知识结构等不同而得到不同结论。下面将围绕融资结构是否影响战略性新兴产业的创新能力进行实证检验。

(一) 研究设计

1. 样本选择与数据来源

与前文测算战略性新兴产业企业创新能力时的研究保持一致性和连贯性,在研究融资结构与企业创新能力的关系时,仍然以前述战略性新兴产业上市公司为研究样本。在数据来源上,以企业公布的 2013 年年报财务数据为基础,对数据进行二次计算整理得到所需指标的最终值。为使研究更准确,在对样本以及数据的选择上做了如下处理:一是将数据存在缺失的样本剔除。二是将内源融资率为负值的样本剔除。三是将企业创新能力为零的样本剔除。通过以上处理后最终选择了 104 家样本公司进行实证研究。所有初始数据均来源于巨潮咨询网和深圳证券交易所网站。

2. 理论分析与研究假设

根据前文的分析,企业资本有不同的来源方式,总体上可以分为内源融资和外源融资。内源融资顾名思义来自企业内部的留存收益和未分配利润,是属于企业自身可以使用支配的资金,省去了交易成本,因而相对外源融资而言成本较低。优序融资理论指出企业应该选择由内而外的方式筹集资本,即先采用内源融资后采用外源融资。研发一旦取得突破将给企业带来明显的竞争优势,企业也更倾向于利用内部融资促进创新能力提升。基于以上的分析提出假设 H1:我国战略性新兴产业内部融资率与企业创新绩效正相关。

外源融资主要包括债务融资和股权融资。从修正的 MM 理论我们可以知道,通过举债方式筹集的资本所支付的利息可以在税前扣除,因而债务融资可以增加公司的价值。此外,信号传递理论告诉我们,公司经营的信息会传递给投资者,使得公司经营决策者需要在债务筹集获得的税收好处和由此引发的财务风险、破产风险之间进行权衡。我国资本市场还处于发展完善的过程中，银行是企业获得债务资本的主要渠道，而银行对放贷的审核严格且对资金使用限制较多。企业研发投入一般而言投入大、研发时间长，具有较大风险，一旦研发转化成功又能取得较高收益。如果研发取得成功，其成果大多以无形资产的方式存在而很难作为抵押品从银行获得贷款。从我国战略性新兴产业的债务融资情况来看，银行贷款是企业债务融资的主要来源，但其从银行等金融机构获得长期借款的难度远远高于短期借款，而短期借款主要用于日常经营上的资金往来，这将不利于企业的创新活动。基于此提出假设 H2：我国战略性新兴产业债务融资率与企业创新绩效负相关。

通过上市以股权的方式筹集资本，是优序融资理论所阐述的排在最后的融资方式。一般而言股权融资的成本较高：一方面发行股票的前期成本较大，另一方面根据委托代理理论，随着权益资本的增加其代理成本也会相应增加。我国股票上市发行实行核准制，对公司上市有着较严格的条件限制。我国创业板主要是通过市场机制为中小规模的高技术企业提供融资渠道，能够促进知识与资本结合，有效评价企业的创业资产价值，推动知识经济发展。此外，股权融资发行成本虽然较高，但与债券融资相比不用支付利息，股利也可以视公司经营情况而定。因而上市融资仍然是我国公司所热衷的一种融资方式。基于以上分析提出假设 H3：我国战略性新兴产业股权融资率与创新绩效正相关。

3. 变量的定义与计算

（1）被解释变量。本书探讨的是战略性新兴产业融资结构与企业创新绩效之间的关系，即企业创新绩效是被解释变量。创新绩效主要通过可以量化的创新能力来衡量，即用数据包络分析（DEA）测算出的综合效率值来度量，用字母 E 表示。

（2）解释变量。根据前文的理论分析和研究假设，将公司的融资结构分为内源融资、债务融资和股权融资。所有数据都通过企业 2013 年年报中的初始数据计算获得。

具体指标的计算公式如表 4-3 所示。

表 4-3　各解释变量的定义

指标	计算公式	预期符号
内源融资率（IF）	（盈余公积+未分配利润+固定资产累计折旧）/总资产	正
债务融资率（LF）	总负债/总资产	负
股权融资率（SF）	（股本+资本公积）/总资产	正

（3）控制变量。影响企业创新绩效的因素很多，为了让模型设定更加合理，再加入以下几个控制变量：

研发规模（SCALE）。理论上企业有一个最佳的研发投入规模，达到这一规模则可以实现规模经济；而规模过大也可能过犹不及。故引入研发规模，用企业的研发投入与总资产的比值来度量。

知识产权保护（PROTECT）。知识的正外部性决定了技术作为一种无形资产具有很强的溢出效应，容易被窃取和模仿。对知识产权的保护程度会影响企业的研发热情，故引入知识产权保护，用《中国市场化指数》[1]中的知识产权保护指数来表征知识产权保护的程度。

企业性质（NATURE）。企业不同的所有权性质也会对企业创新产生影响，故根据实际控制人的性质划分为国有企业与民营企业。引入虚拟变量，即国有企业赋值为1，民营企业赋值为0。

市场环境（MAR）。环境差异对企业发展的影响毋庸置疑，一个地区市场化程度的差异可以通过基础设施建设、金融发展水平、政策条件、人才等多方面体现出来。因而用市场化指数来量化企业所处市场环境的差异，根据上市公司注册登记地所在省份，参照樊纲等编制的《中国市场化指数》中测算的市场化指数。

（二）描述性统计

为了解战略性新兴产业整体融资结构特征，在搜集整理数据的基础上对相关变量进行计算后，运用 Eviews 6.0 软件对其进行了描述性统计。

---

[1]　樊纲、王小鲁、朱恒鹏：《中国市场化指数》，经济科学出版社 2010 年版，第 127—136 页。

1. 融资结构的描述性统计

表 4-4　解释变量的描述性统计分析

	N	极大值	极小值	中值	均值	标准差
内源融资率	104	0.419	0.023	0.196	0.202	0.089
债务融资率	104	0.663	0.027	0.243	0.261	0.133
股权融资率	104	0.826	0.194	0.554	0.529	0.155

从表4-4的统计结果可以看出:(1)从整体的融资结构来看,股权是其最主要的融资方式,融资率均值达53%左右;债务融资率和内源融资率差异不是很大,其均值分别为26.1%和20.3%。这与我国资本市场的发展以及构成有很大关系,一方面创业板为符合条件的中小规模科技型企业提供了上市融资渠道;另一方面受限于银行、债券等间接融资方式,通过债务融资获得的资金有限。(2)从具体的融资方式来看,不同的战略性新兴产业也存在很大差异。内源融资率的最大值为41.95%,最小值仅为2.3%;债务融资率的最大值为66.35%,最小值为2.79%;股权融资率的最大值为82.6%,最小值19.4%。说明同为在创业板上市的战略性新兴产业,因行业类别、发展阶段、企业规模、企业性质等不同,其融资结构也存在很大差异。

2. 创新能力的描述性统计

在上一章我们已经运用数据包络分析(DEA)方法测算了战略性新兴产业的创新能力,下表是对创新能力的描述性统计。

表 4-5　创新能力的描述性统计

	N	极大值	极小值	中值	均值	标准差
综合效率	104	1.000	0.001	0.056	0.081	0.120
纯技术效率	104	1.000	0.008	0.141	0.194	0.163
规模效率	104	1.000	0.029	0.335	0.397	0.275

从表4-5可以看出:一是战略性新兴产业综合创新能力整体偏低,均值只有0.081。企业之间综合效率差异显著,即有的公司资源的投入产出比达

到最优(综合效率值为1),而有的公司却不太合理(综合效率值为0.001)。从纯技术效率而言,战略性新兴产业技术效率水平也参差不齐,均值为0.194,整体处于数据包络分析(DEA)无效状态。这表明对创新投入资源的利用不太合理,产出水平有待提升。从规模效率来看,战略性新兴产业注重对创新人力、财力的投入,有较好的规模效率,均值为0.397,其规模效率显著高于纯技术效率。二是从测算的规模报酬阶段来看,样本企业基本上都处于规模报酬递增阶段。这与在创业板上市的战略性新兴产业整体规模偏小有关,不管企业整体发展规模还是创新投入规模都处于规模报酬递增的发展阶段。三是综合来看,战略性新兴产业创新的纯技术效率和规模效率都要优于综合效率,而综合效率不高则是因为研发要素的投入没有实现优化配置。这表明要提高综合创新能力,不仅仅要扩大创新的投入规模,更要注重科学配置研发资源、优化研发资源结构,从而提高科研成果产出率,使规模和结构协调发展。

(三) 实证分析

1. 实证模型的建立

根据以上研究假设和变量设计,建立如下线性回归模型分析战略性新兴产业资本结构与创新绩效的关系。

根据假设一建立创新能力与内源融资率之间的关系,模型1如下:

$$E = \alpha + \beta_1 IF + \beta_2 SCALE + \beta_3 NATURE + \beta_4 MAR + \beta_5 PROTECT + \varepsilon$$

根据假设二建立创新能力与债务融资率之间的关系,模型2如下:

$$E = \alpha + \psi_1 LF + \psi_2 SCALE + \psi_3 NATURE + \psi_4 MAR + \varphi_5 PROTECT + \varepsilon$$

根据假设三建立创新能力与股权融资率之间的关系,模型3如下:

$$E = \alpha + \omega_1 SF + \omega_2 SCALE + \omega_3 NATURE + \omega_4 MAR + \omega_5 PROTECT + \varepsilon$$

其中:α 为常数项,β、φ、ω 为系数,ε 为随机误差项。

2. 回归分析和检验

模型1的回归结果见表4-6。

(1)从方程总体的显著性检验来看:在1%的显著性水平下,F统计量的值为3.93,大于其临界值(临界值在3.47至3.51之间),表明模型的线性关系显著成立。

（2）从变量的显著性来看：解释变量和控制变量的 t 值的绝对值分别为 2.64、2.29、2.12、3.13、2.12，在 1% 的显著性水平下 t 的临界值为 2.64 左右，故市场化指数在 99% 的水平下影响显著，而内源融资、研发规模、企业性质和知识产权保护则在 5% 的水平下通过了显著性检验（t 的临界值为 1.9）。

（3）D.W 值为 1.996，一般来说当 D.W 值在 2 附近时，模型不存在一阶序列相关性。

（4）从拟合优度来看：调整后的拟合优度为 0.1246，拟合程度较低，但是模型总体在 1% 的水平下通过了显著性检验，且模型的经济关系合理。

本模型建立的目的在于探究融资结构对创新绩效的影响关系，因而对调整的拟合优度要求不高，这也说明了影响企业创新绩效的因素很多。

表 4-6　模型 1 的回归结果

Dependent Variable:E
Method:Least Squares
Sample:1 104
Included observations:104

Variable	Coefficient	Std.Error	t-Statistic	Prob.
C	0.430960	0.103950	4.145848	0.0001
IF	0.248805	0.075795	2.343904	0.0011
SCALE	-1.285660	0.560341	-2.294424	0.0239
NATURE	-0.093583	0.043937	-2.129956	0.0357
MAR	-0.039265	0.012525	-3.134904	0.0023
PROTECT	0.002717	0.001279	2.124422	0.0362
R-squared	0.167090	Mean dependent var		0.080673
Adjusted R-squared	0.124595	S.D.dependent var		0.120788
S.E.of regression	0.113013	Akaike info criterion		-1.466666
Sum squared resid	1.251651	Schwarz criterion		-1.314105
Log likelihood	82.26663	Hannan-Quinn criter.		-1.404859
F-statistic	3.931963	Durbin-Watson stat		1.996868
Prob(F-statistic)	0.002722			

从回归结果还可以看到内源融资的系数为正（0.24），与我们的预期一致，表明内源融资有助于战略性新兴产业创新能力的提高。除此之外，知识产

权保护也有利于企业创新能力的提升,而研发规模却没有促进创新能力。这与数据包络分析(DEA)测算的我国战略性新兴产业技术创新能力偏低、规模创新能力偏高结论相符合,研发资源配置还有优化的空间。

表4-7　模型2的回归结果

Dependent Variable:E
Method:Least Squares
Sample:1 104
Included observations:104

Variable	Coefficient	Std.Error	t-Statistic	Prob.
C	0.476185	0.101951	4.670737	0.0000
LF	−0.131383	0.125761	−1.044702	0.2987
SCALE	−1.261383	0.553612	−2.278459	0.0249
NATURE	−0.088276	0.042988	−2.053501	0.0427
MAR	−0.040118	0.012452	−3.221805	0.0017
PROTECT	0.002777	0.001274	2.179549	0.0317
R-squared	0.172779	Mean dependent var		0.080673
Adjusted R-squared	0.130574	S.D.dependent var		0.120788
S.E.of regression	0.112626	Akaike info criterion		−1.473519
Sum squared resid	1.243102	Schwarz criterion		−1.320958
Log likelihood	82.62300	Hannan-Quinn criter.		−1.411712
F-statistic	4.093791	Durbin-Watson stat		2.010555
Prob(F-statistic)	0.002035			

模型2的回归结果见表4-7。

(1)从方程整体的显著性检验来看,F统计量的值为4.09,在1%的水平下通过了显著性检验,表明方程整体线性关系显著。

(2)从变量的显著性检验来看,变量债务融资率、研发规模、企业性质、市场化程度、知识产权保护的t值绝对值分别为1.045、2.27、2.05、3.22、2.17,在5%的显著性水平下t值的临界值为2左右,表明除了债务融资率外,其他变量都在5%的水平下通过了显著性检验。债务融资率在30%的水平下通过了显著性检验(t值临界值为1.04),其显著性水平相对较差。

(3)从模型的序列相关性来看,因D.W值为2.01,与2接近,故不存在序列相关性。

(4)从模型的拟合优度来看,模型2和模型1一样拟合程度较低,但因模型和变量基本上都通过了显著性检验,且模型验证的债务融资对创新能力的关系符合预期,故较低的拟合优度仍然可以接受。

从模型的经济意义来看,解释变量债务融资率的参数估计值为-0.13,与我们的预期相符。说明债务融资率不利于战略性新兴产业提升创新能力,在我国以银行贷款为主的间接融资市场上,债券市场发展很不完善,能够通过发行债券筹集资金的企业极少。同时,因研发的不确定性等原因企业也难以获得银行长期贷款。即使企业获得了银行贷款,考虑到财务风险等多种因素也会在资金的使用分配上很谨慎。与模型1的回归结论一致,知识产权保护促进了企业创新能力提升,而研发规模的不合理和市场化程度的不完善在一定程度上阻碍了创新能力提升。

表4-8 模型3的回归结果

Dependent Variable:E
Method:Least Squares
Sample:1 104
Included observations:104

Variable	Coefficient	Std.Error	t-Statistic	Prob.
C	0.442561	0.106204	4.167069	0.0001
SF	0.019294	0.087983	1.719290	0.0269
SCALE	-1.378578	0.550648	-2.503556	0.0139
PROTECT	0.002752	0.001281	2.148144	0.0342
MAR	-0.040055	0.012550	-3.191584	0.0019
NATURE	-0.085967	0.044405	-1.935976	0.0558
R-squared	0.163977	Mean dependent var		0.080673
Adjusted R-squared	0.121322	S.D.dependent var		0.120788
S.E.of regression	0.113224	Akaike info criterion		-1.462935
Sum squared resid	1.256330	Schwarz criterion		-1.310374
Log likelihood	82.07260	Hannan-Quinn criter.		-1.401128
F-statistic	3.844323	Durbin-Watson stat		2.007087
Prob(F-statistic)	0.003188			

模型 3 的回归结果见表 4-8。

(1)从方程整体的显著性检验来看,F 统计量的值为 3.84,在 1% 的水平下通过了显著性检验(临界值 3.45 至 3.51 之间),即通过了方程的整体显著性检验。

(2)从变量的显著性检验来看,解释变量股权融资率的 t 值为 1.71,控制变量企业性质的 t 值绝对值为 1.93,都在 10% 的水平下通过了显著性检验(大于临界值 1.65);而控制变量研发规模、知识产权保护与市场化指数的 t 值绝对值分别为 2.5、2.14、3.19,大于其临界值 2,即在 5% 的水平下通过了显著性检验。

(3)从序列相关性来看,D.W 值为 2,不存在一阶序列相关性。

(4)与模型 1 和模型 2 类似,因本研究目的以及方程总体线性关系显著而降低了对拟合优度的要求。

从回归结果可以看出,股权融资率参数估计的系数为正,表明股权融资率促进了战略性新兴产业创新能力提升,与假设 H3 吻合。同时,由于市场化程度仍然不高而在一定程度上影响了产业创新能力。虽然产业整体处于规模报酬递增阶段,但由于资源配置不够合理使其规模不够经济,不利于创新能力的提高,这也印证了数据包络分析(DEA)测算的结果。

四、改善融资结构,提升创新能力

综合前文实证分析结果,从改善内源融资、债务融资和股权融资的股权结构出发,围绕如何提升企业创新能力提出如下建议。

一是战略性新兴产业内部融资能够显著促进企业创新绩效提升。内源融资与外源融资相比较而言,是企业可以自由支配和使用的资金,成本最低。既不用支付债务融资的利息费用,也不用承担股权融资的一系列成本。这启示战略性新兴产业在利用留存收益用于资本积累扩大生产规模的同时,也要合理使用内部融资进行研发投入,鼓励和支持创新。

二是战略性新兴产业债务融资不利于企业创新绩效提高。这是因为,从

金融机构的角度而言,战略性新兴产业的研发活动具有高投入、高风险特点,即使技术取得突破一般也是以无形资产的方式存在,很难作为抵押担保品。银行出于审慎经营、控制风险的考虑而很难提供贷款。而我国金融市场的不完善也阻碍了战略性新兴产业通过发行债券进行融资。从战略性新兴产业的角度而言,债务融资不仅到期要还本付息,而且运用过高的财务杠杆进行不确定性很强的研发活动,会给企业带来财务风险和破产风险。因此,要完善和拓宽我国的债务融资渠道,加大金融对创新研发的信贷支持,探索知识产权质押融资和资产证券化等不同的债务融资方式。

三是战略性新兴产业股权融资对创新绩效的提升起到促进作用。创业板是为高科技企业提供融资渠道、促进知识与资本结合的场所。战略性新兴产业的融资结构中股权融资是最主要的融资方式,也是目前我国金融市场环境下企业所热衷的方式。通过股权融资方式,企业可以根据经营情况决定是否分配股利,具有自主支配权;另一方面研发成功带来经营绩效的提高最终由所有股东分享,因而股东也倾向于支持技术研发投入,但过度进行股权融资会稀释股东权益而遭到反对。为了更好发挥股权融资对创新能力的促进作用,一方面可以优化股权结构,使股东之间相互制衡,既要避免股权过度集中也要避免太松散;另一方面可以实施股权激励计划,鼓励员工都参与到企业创新活动中。

四是以样本战略性新兴产业而言,其创新活动存在着规模不经济,阻碍了创新绩效提高。从数据包络分析(DEA)测算的创新能力值可以看到,纯技术效率值明显低于规模效率值。尽管战略性新兴产业加大了在研发上的投入规模,然而产出效率却未能得到同步提升。实证分析的结果也验证了研发规模与创新绩效之间的负相关关系。这说明战略性新兴产业投入产出结构不合理,要提高其综合创新能力,不仅仅要扩大创新的投入规模,更要注重科学配置研发资源、优化研发资源的结构,从而提高科研成果的产出率,使规模和结构协调发展。

五是我国市场化发展程度在一定程度上影响了创新绩效的提高。一方面,我国市场经济起步相对较晚,党的十八大提出"建设统一开放、竞争有序的市场体系,是使市场在资源配置中起决定性作用的基础",市场化程度的逐

步提高需要一个过程。另一方面,因地理位置、自然环境、国家政策等多方面原因,区域之间的市场化程度也存在较大差异。因而政府要处理好"有形之手"和"无形之手"的关系,统筹区域发展,不断提高我国的市场化水平。

六是知识产权保护促进了创新绩效的提高。知识和技术的外溢性决定了需要产权保护,它可以从制度上尊重研发者劳动、保护所有者权利、维护企业利益。因而知识产权保护可以调动企业研发积极性,从而促进创新能力提升。知识和技术也需要交流和学习才能够进一步促进社会整体生产力的提高,因而国家应该在两者之间进行平衡。

第五章　政府补助与创新能力

政府补助是政府干预经济的一种直接手段,从政治、经济、社会等方面考虑,各国政府或组织常常以一定的形式给予企业各种补助或援助,以引导行业的发展或者抑制某些经济活动。本章将从理论和实证的角度分析政府补助能否提高战略性新兴产业创新能力。

一、政府补助影响企业创新能力的理论分析

这里梳理政府补助与企业创新能力的相关理论。

(一) 外部性理论

外部性理论属于经济学范畴,萨缪尔森和诺德豪斯将外部性定义为:外部性是指那些生产或消费对其他团体强征了不可补偿的成本或给予了无须补偿的收益的情形。所谓外部效应就是某经济主体福利函数的自变量中包含了他人的行为,而该经济主体又没有向他人提供报酬或索取补偿。外部性可分为正外部性和负外部性。当出现正外部性时,生产者的成本大于收益,利益外溢,得不到应有的效益补偿;当出现负外部性时,生产者的成本小于收益,受损者得不到损失补偿,因而完全竞争市场不能实现资源的最优配置。外部性理论与其后的福利经济学理论为政府补助提供了重要的理论依据,由于正外部性会引起市场供给不足,从而导致市场失灵,因此,政府应通过提供补助的方式干预市场。

（二）寻租理论

1967年,戈登·图洛克在论文《关税、垄断和偷窃的福利成本》中最早提出了寻租理论,他认为完全竞争理论对偏离竞争所导致的社会福利估计不足,实际上税收、关税和垄断所造成的社会福利损失大大超过了通常的估算。其原因是人们会竞相通过各种疏通活动争取收入,即寻租。而在竞相寻租的条件下,每个人都认为花费与其所期望的收益相近的费用是值得的。简言之,寻租是为获得和维持垄断地位,进而得到垄断利润所从事的一种非生产性寻利活动。寻租理论将经济学的研究范围从生产性活动延伸到非生产性活动。根据寻租理论,有政治联系的企业更容易获得政府补助,而不全看企业是否有良好发展前景和突出社会贡献。由此得出,基于政治联系的政府补助无益于提高企业的经济绩效和社会绩效。

（三）博弈论

博弈论也称对策论,是描述和研究行为者之间策略互相依存和互相作用的一种决策理论。具体而言,是指两个或多个主体在平等对弈时,根据对方的行为和自己所掌握的信息以及自身能力,做出最有利于自己决策的行为。政府和企业作为经济运行过程中两个最基本的利益主体,势必会发生博弈。政府追求整个社会福利最大化,要实现"帕累托最优",而企业则以营利为目的,追求自身利益最大化。自改革开放以来,我国推行了财权分权改革,提高了地方政府收入,加强了地方政府保护地方企业的意识,也加剧了地方政府之间的竞争。为了在这场竞争中取得胜利,地方政府都会尽最大努力为本地企业提供政府补助,获胜的地区可能吸引外部资本流入增强本土企业在市场中的竞争力,进而推动本地区经济增长、促进就业以及居民收入提升。

政府补助是委托—代理关系中较为典型的一种。政府和企业在社会中扮演着不同角色,行使着不同职能。政府补助行为中政府是委托人,其补助目的是促成代理人进行某种行为,该行为对社会经济具有一定的调节或促进作用,并最终提升政府自身的效用。这是政府进行补助行为的根本原因。这种行为会在企业的财务报表中得到体现,并且由于较为完善的会计准则约束,财务报表对政府补助的反映通常是较为准确和规范的。但是企业获得政府补助之后

并不一定能发挥预期的正面作用,也可能对社会产生消极影响。这是因为,政府补助可能变为一种寻租手段,从而导致激励扭曲。因此政府补助在各方面的具体作用尚需进一步检验。

二、政府补助影响创新能力的研究设计和假设

对政府补助和企业创新之间关系的研究较为丰富,通常是研究政府补助与企业创新投入或创新结果的关系。对于前者,主要方法是考察政府资助与企业创新支出之间的关系以检验政府补贴到底是刺激企业进行更多的创新还是挤出了企业创新投资,产生替代效应;对于后者,主要方法是考察政府资助是否确实促使企业获得了更多创新成果。而即使是同一大类方法,由于研究对象、模型设定和样本选择等方面的差异,得到的结论也大相径庭。

汉贝格(Hamberg)①利用厂商横截面数据研究政府资助对企业研发支出的影响。他以接受过美国国防部资助的厂商作为研究样本,由于这些厂商接受的资助具有相同的来源,因此样本内部之间的差异性得到了一定控制。此外,汉贝格(Hamberg)还考虑了其他影响因素并将其作为控制变量融合到模型之中,以减小其他因素对厂商研发行为边际成本和收益的影响,使得关于政府资助对企业 R&D 行为影响的结论更加可信。而最终结果表明,样本企业的 R&D 支出行为确实受到政府资助强度的影响。林克(Link)将厂商的 R&D 支出依据其技术成熟度不同分为基础研究、应用研究和试验发展三类,并发现政府资助对不同类型的 R&D 行为产生的影响并不相同。对厂商的基础研究而言,政府资助降低了其投入力度,即政府资助会挤出厂商对基础研究的投资,但应用研究和试验发展则恰恰相反:政府资助对这两类 R&D 行为能够起到显著的促进作用②。利希滕贝格(Lichtenberg)的研究则对厂商追踪数据进行分

① Hamberg,D.R&D:Essays on the Economics of Research& Development,New York:Random House,1966:157-164.

② Link.Albeit.N.,"An analysis of the composition Of R&D pending",Southern Journal of Economics4,1982:342-349.

析,结论更能反映政府资助对企业创新行为的动态影响。同时,他认为将政府资助视为外生变量的假设不成立,因为厂商总是视政府资助的金额来决定其创新行为。利希滕贝格还试图将政府资助作为其计量模型的内生变量,但采取不同的分析方法时研究结论存在一定的分歧:使用工具变量法分析两者为替代关系,而固定效果法分析两者为互补关系①②。

政府研发资助政策的效力在实证文献中的结论并不统一。盖勒克(Guel-lec)和波特尔斯堡(Pottelsberghe)③、科扎尼兹基(Czarnitzki)和利希特(Licht)等人的研究发现政府资助降低了企业的创新成本和风险,从而促进企业进行更多的创新投入;利希滕贝格(Lichtenberg)④、沃斯顿(Wallsten)⑤等人的研究却发现政府补助对企业更多的是产生挤出效应,降低了整个行业的创新投入水平。大卫(David)⑥等对1965年之后的大量实证研究进行了系统性总结,认为各项研究结论互相冲突的主要原因在于技术口径不一致、政府资助性质的差异以及研究框架的多样性。此外,这些研究很少对政府R&D资助内生性这一可能进行探讨。

随着中国经济国际重要性逐步提高,中国研发补助在经济增长中的作用也受到世界范围内的广泛关注。大部分学者将目光集中在技术研发对生产率提高的促进作用上,所选取的维度也以企业或产业层面居多。如胡(Hu)⑦以

---

① Lichtenberg.Frank.R., "The effect of government funding on private industrial research and development:A Reassessment", *The Journal of Industrial Economics*, 1987,36(1):97-104.

② Lichtenberg.Frank.R., "The Private R&D Investment Response to Federal Design and Technical Competitions", *American Economic Review*, 1988,Vol.78(3):550-559.

③ Guellec,D. and van Pottelsberghe, "The impact Of public R&D expenditure on business R&D", *Economic Innovation New Technology*, 2003,12(3):225-243.

④ Griliches.Z,Lichtenberg,Frank, "Interindustry Technology Flows and Productivity Growth:A Reexamination", *Review of Economics and Statistics*, 1984,66(2):324-329.

⑤ Wallsten.J., "Do Government-industry R&D Program Increase Private R&D:The Case of the Small Business Innovation Research Program", *Working paper*, *Department of Economics*, *Stanford University*, 1999:188-205.

⑥ David,P.A.,Hall,B.H.&Toole,A.A.,2000, "Is Public R&D a Complement or Substitute for private R&D? A Review of the Econometric Evidence", *Research Policy* 29:497-529.

⑦ Hu,Albert,G.Z,2001, "Ownership,Government R&D,Private R&D,and Productivity in Chinese Industry", *Journal of Comparative Economics* 29(1):136-157.

高科技产业为例,选取北京市海淀区的 813 个样本进行研究,其结论表明对私人 R&D 而言,政府补助具有显著促进作用。

童光荣和高杰对我国政府 R&D 补助促进企业研发支出的政策效果进行了实证分析,并重点考察了政策的诱导效应及其对企业研发行为产生作用的时滞。在对政府研发支出与企业研发支出关系进行理论阐述的基础上,建立政府研发支出与企业研发支出回归模型以及分布滞后模型。模型结果显示,我国政府研发补助对企业研发行为具有时滞的诱导效应,政府研发补助不仅会促进当期企业研发支出,还会对期后企业研发支出产生正向作用[①]。

许治和师萍以 1990—2000 年数据为基础,实证分析了我国政府科技资助对企业 R&D 投资的作用,其结论是政府科技资助对企业 R&D 投资具有促进和挤出双重效应,具体产生何种效应取决于政府科技资助的投入方向:如果科技资助直接投入企业,则会对企业 R&D 行为产生明显激励,而投入高校和科研机构的科技资助则会挤出企业 R&D 支出,企业将减少其向高校和科研机构委托研发的经费支出[②]。

赵付民等以 29 个省市的统计数据为样本,使用企业产值和政府直接资助作为解释变量,以企业本身 R&D 支出作为被解释变量,考察了我国政府资助对企业研发行为的影响。这项研究证实政府直接资助对企业自主研发行为具有显著促进作用,且无论政府资助是直接投向企业还是投向研究机构,都不会改变这一作用的方向和显著性[③]。

朱平芳和徐伟民以上海市大中型工业企业为例,使用随机效应面板数据模型分析了地方政府科技激励措施对企业自筹研发投入和产出的具体影响,其结果表明无论是税收优惠政策还是直接财政拨款都能显著增加企业的自筹研发投入,但研发产出的数量和质量与研发经费的来源和研发人

---

① 参见童光荣、高杰:《中国政府 R&D 支出对企业 R&D 支出诱导效应及其时滞分析》,《中国科技论坛》2004 年第 4 期。

② 参见许治、师萍:《政府科技投入对企业 R&D 支出影响的实证分析》,《研究与发展管理》2005 年第 3 期。

③ 参见赵付民、苏盛安、邹珊刚:《我国政府科技投入对大中型工业企业 R&D 投入的影响分析》,《研究与发展管理》2006 年第 2 期。

员的水平密切相关,其中自筹研发经费的金额对研发产出有显著促进作用①。

樊绮、韩民春以国家和区域为研究单位,对政府 R&D 补贴影响区域创新产出效果进行了实证研究。其分析结果表明政府 R&D 补贴对区域创新产出的影响为正且具有显著性。此外,区域 R&D 投入对高新技术产业增加值具有规模效应,而对专利产出数量的影响则表现为规模不经济。地域差异同样会对 R&D 补贴效果产生影响,经济相对落后、科研实力较为薄弱的省份所具有的 R&D 创新产出弹性显著地小于经济发达、科研实力雄厚的省份②。

江静以全国第一次经济普查数据为基础,对不同地区、不同行业、不同企业性质的政府 R&D 补贴效果进行了实证研究,分析结果表明政府 R&D 补贴效果在很大程度上受到企业性质的影响。对内资企业而言,政府 R&D 补贴对企业研发投入有显著促进作用,但对港澳台企业和外商投资企业来说,政府 R&D 补贴却对企业研发投入产生了明显的负面影响——政府 R&D 补贴挤出了企业原先的研发投入③。

姜宁和黄万以我国高新技术产业五个细分行业 2003—2008 年度的数据进行了面板数据分析,其结论认为政府补贴对企业 R&D 投入的影响具有不确定性,其具体效应与补贴率的高低有关。对于不同的细分行业,政府补贴对企业 R&D 投入的激励效果也大相径庭。此外,政府补贴并不能对企业当期行为产生显著影响,其激励效应具有一定的时滞④。

综上所述,我们发现:国外学者的研究成果在方法层面有重要借鉴意义,其结论也有一定的参考价值,但毕竟各国有各国的实际国情,社会制度和经济

① 参见朱平芳、徐伟民:《政府的科技激励政策对大中型工业企业 R&D 投入及其专利产出的影响——上海市的实证研究》,《经济研究》2003 年第 6 期。
② 参见樊绮、韩民春:《政府 R&D 补贴对国家及区域自主创新产出影响绩效研究——基于中国 28 个省域面板数据的实证分析》,《管理工程学报》2011 年第 7 期。
③ 参见江静:《公共政策对企业创新支持的绩效——基于直接补贴与税收优惠的比较分析》,《科研管理》2011 年第 4 期。
④ 参见姜宁、黄万:《政府补贴对企业 R&D 投入的影响——基于我国高技术产业的实证研究》,《科学学与科学技术管理》2010 年第 7 期。

环境的差异使得我们要更加慎重地对待国外的研究结论;大部分学者在研究政府补助效应时只关注其对企业财务数据的影响或对企业研发行为的影响,很少从效率角度出发进行考察;在选取样本时,以地区为样本的研究较多而以企业为样本的研究较少,以企业为样本的研究又有大部分是在我国新会计准则实施以前进行的,而会计准则变更后新的报表列报规则可能使现有的结论发生新的变化。

本书通过分析样本企业获得政府补助对其创新能力的影响,以深入探讨政府补助对创新能力而言到底是存在积极的促进作用还是沦为阻碍稀缺资源有效配置的寻租方式。在此提出假设 H1:政府补助有助于提升企业 R&D 投入和产出水平;H2:政府补助有助于提升企业创新能力;H3:政府补助有助于提升企业经营绩效。

企业所有权性质的不同能够影响企业的行为。与非国有企业相比,国有企业可能面临着更多的政治任务,其预算约束也因此有所差异。此外,企业所有权性质往往也会影响企业的治理结构,因此无论是分析企业的创新行为、创新能力还是经营绩效,企业性质都是非常重要的影响因素。同样,企业所面临的外部环境也会对企业产生全面影响。外部环境包括政策环境、市场环境、法律环境等诸多方面,而市场环境是决定企业行为及效率的重要因素且有较为权威的衡量标准,故以下分析的外部环境主要考虑市场环境,并引入市场化指数 MAR 进行衡量。

根据假设 H1 提出模型(5.1)(5.2):

$$N = \beta_1 \, GOV + \beta_2 \, MAR + \beta_3 \, STATE \tag{5.1}$$

$$INPUT = \beta_1 \, GOV + \beta_2 \, MAR + \beta_3 \, STATE \tag{5.2}$$

即企业创新投入和产出均是政府补助的函数(预期系数为正),并受市场环境和企业所有权性质的影响。

根据假设 H2 提出模型(5.3):

$$E = \beta_1 \, GOV + \beta_2 \, MAR + \beta_3 \, INPUT + \beta_4 \, STATE \tag{5.3}$$

其具体含义为企业创新能力是政府补助的函数(预期系数为正),并受市场环境、企业所有权性质和创新规模的影响。之所以引入创新规模,是考虑到企业创新过程中可能存在的规模效应。

根据假设 H3 提出模型(5.4):

$$ROA = \beta_1 \, GOV + \beta_2 \, MAR + \beta_3 \, SIZE + \beta_4 \, STATE + \beta_5 \, CFRATE + \beta_6 \, LEV$$

(5.4)

企业经营绩效的影响因素则较为复杂。不仅受外部环境、所有权性质等因素影响,其财务状况也是决定经营业绩的重要因素。财务状况表现为负债水平和流动性水平两个主要方面,因此分别选取现金比率和资产负债率作为这两方面的表征指标,这两项指标与之前所论述的政府补助、市场环境、所有权性质、规模效应等共同决定企业的盈利水平。

变量选取如下。

(一) 被解释变量

1. 企业创新指标

依据本书第三章的分析,将以数据包络分析(DEA)方法得出的企业创新能力作为被解释变量,以 E 表示;企业专利数以 N 表示;企业 R&D 投入以 IN-PUT 表示。

2. 企业绩效指标

企业作为盈利性的经济组织,经济效益的高低是判断企业经营状况和经营成果的重要标志,也是衡量政府补助是否合理以及是否有效的一个重要尺度。考虑到由于中国资本市场效率不够高,因此国外常用的托宾指标不适合作为我国企业绩效评价指标。国内学者通常采用总资产收益率或净资产收益率等指标来反映一个公司的盈利性。净资产收益率虽然是财务分析中经常用到的指标,但在本书中并不合适。本书所研究的企业经营效率是企业作为一个整体进行经营时的效率,而净资产收益率受财务杠杆影响,反映的是企业为股东创造价值的能力。总资产收益率(ROA)是净利润与总资产的比值,可以反映企业运用股东投入和对外债务赚取利润的能力,故本书采用这一指标进行分析。ROA(总资产收益率)= 净利润/总资产,净利润和总资产在企业财务报表中均有列报。

（二）解释变量和控制变量

1. 政府补助

以财务报表"营业外收入"项目中"补贴收入"会计科目的金额计量,以 GOV 表示。

2. 外部环境

企业所处的位置从很大程度上决定了企业面临的外部环境,不同地区的政策环境、市场环境、法律环境等均有所不同,而市场化程度是决定企业效率的重要因素。选取各企业登记地址的市场化指数①作为这一因素的替代变量,以 MAR 表示。

3. 治理环境

对于不同所有权性质的企业,其内部治理环境同样有所差异,故引入虚拟变量 STATE。国有企业将其赋值为 1;否则赋值为 0。

4. 创新规模

对单个企业而言,创新能力是否具有规模效应尚没有明确结论。为考虑这一可能的影响,以企业 R&D 支出水平 INPUT 表示企业的创新规模,并验证其是否有助于企业创新能力的提高。

5. 企业规模

企业经营可能存在规模经济或者规模不经济。在考虑企业经营绩效时,大部分学者都将企业规模考虑在内,其分析结论也证实了企业规模对经营效率的影响。本书此处采取学界较为通行的企业总资产作为企业规模 SIZE 的代表变量。

6. 财务状况

一个企业的财务状况既可能直接影响其经营业绩,也可能通过对其经营决策产生约束而最终将其作用传导到经营业绩上来。过高的资产负债率可能带来沉重的利息负担从而降低企业收益,经营现金的不足也可能迫使企业放弃一些收益良好但要求投入资本较多的经营项目。考虑财务状况的影响,我们在研究企业绩效时引入资产负债率 LEV 和现金比率 CFRATE。

---

① 樊纲、王小鲁、朱恒鹏:《中国市场化指数》,经济科学出版社 2010 年版,第 127—136 页。

三、政府补助影响创新能力的实证分析

战略性新兴产业企业创新能力评价仍然采用第二章的评价样本与结果。模型(5.1)回归结果见表5-1。

表5-1　模型(5.1)回归结果

Dependent Variable：N
Method：Least Squares
Sample：1 53
Included observations：53

	Coefficient	Std.Error	t-Statistic	Prob.
GOV	1. 15E-06	2. 01E-07	5. 748534	0. 0000
MAR	0. 297783	0. 569323	0. 523047	0. 6033
STATE	55. 90529	18. 12406	3. 084590	0. 0033
R-squared	0. 579247	Mean dependent var		31. 98113
Adjusted R-squared	0. 562417	S.D.dependent var		47. 08809
S.E.of regression	31. 14879	Akaike info criterion		9. 770367
Sum squared resid	48512. 37	Schwarz criterion		9. 881893
Log likelihood	-255. 9147	Hannan-Quinn criter.		9. 813254
Durbin-Watson stat	2. 123869			

模型(5.2)回归结果见表5-2。

表5-2　模型(5.2)回归结果

Dependent Variable：INPUT
Method：Least Squares
Sample：1 53
Included observations：53

	Coefficient	Std.Error	t-Statistic	Prob.
GOV	1. 406822	0. 234548	5. 998027	0. 0000
MAR	1200856.	664796. 9	1. 806350	0. 0769
STATE	45946197	21163413	2. 171020	0. 0347

	Coefficient	Std.Error	t-Statistic	Prob.
R-squared	0. 550764	Mean dependent var		45164843
Adjusted R-squared	0. 532795	S.D.dependent var		53212977
S.E.of regression	36372357	Akaike info criterion		37. 71145
Sum squared resid	6. 61E+16	Schwarz criterion		37. 82298
Log likelihood	−996. 3536	Hannan-Quinn criter.		37. 75434
Durbin-Watson stat	2. 106774			

模型(5.1)和(5.2)结果说明,政府补助能有效促进企业进行 R&D 活动,并使它们达到更高的创新产出水平(专利数量)。同时,国有企业也较非国有企业更愿意进行 R&D 活动,也能得到更多的创新产出。

模型(5.3)回归结果见表5-3。

表5-3　模型(5.3)回归结果

Dependent Variable:E
Method:Least Squares
Sample:1 53
Included observations:53

	Coefficient	Std.Error	t-Statistic	Prob.
GOV(LN)	0. 100314	0. 025126	3. 992455	0. 0002
MAR	−0. 058639	0. 024089	−2. 434305	0. 0186
INPUT(LN)	−0. 094704	0. 041449	−2. 284857	0. 0267
STATE	−0. 113464	0. 150468	−0. 754073	0. 4544
R-squared	0. 205691	Mean dependent var		0. 297113
Adjusted R-squared	0. 157060	S.D.dependent var		0. 292231
S.E.of regression	0. 268303	Akaike info criterion		0. 279071
Sum squared resid	3. 527334	Schwarz criterion		0. 427772
Log likelihood	−3. 395376	Hannan-Quinn criter.		0. 336254
Durbin-Watson stat	1. 925539			

模型(5.3)结果表明,政府补助确实可以提高企业创新能力。这一结果同时表明,对信息技术产业中小板和创业板上市公司而言,创新活动是规模不经

济的。令人注意的是,外部环境的市场化程度对企业创新能力有负面影响,这与我们的预期不一致。这可能是由于市场化程度较低的省份大部分为中西部省份,其政治经济资源较少,企业上市难度也相对更高,只有少数特别优秀的公司能够得到上市机会。这些优秀的公司可能具有高于平均水平的创新能力。

模型(5.4)的回归结果见表5-4。

表5-4 模型(5.4)的回归结果

Dependent Variable:ROA
Method:Least Squares
Sample:1 53
Included observations:53

	Coefficient	Std.Error	t-Statistic	Prob.
GOV(LN)	−0.006023	0.005508	−1.093578	0.2797
CFRATE	0.497011	0.073530	6.759312	0.0000
LEV	−0.076535	0.034244	−2.234999	0.0302
MAR	−0.005190	0.003934	−1.319041	0.1935
SIZE	0.010441	0.004785	2.181930	0.0341
STATE	−0.015985	0.021374	−0.747884	0.4583
R-squared	0.542861	Mean dependent var		0.076530
Adjusted R-squared	0.494229	S.D.dependent var		0.052845
S.E.of regression	0.037582	Akaike info criterion		−3.618293
Sum squared resid	0.066384	Schwarz criterion		−3.395241
Log likelihood	101.8848	Hannan−Quinn criter.		−3.532518
Durbin−Watson stat	2.162130			

模型(5.4)结果证实了前人研究中得出的规模经济和财务约束对我国信息技术产业上市公司也具有影响,且其方向与我们的预期具有一致性。但政府补助并没有对企业经营效率产生显著影响,或者至少对总资产收益率没有产生影响。市场环境和企业所有权性质同样不具有显著影响。

四、改进政府补助,提升创新能力

实证分析表明,政府补助与战略性新兴产业企业创新能力提升之间存在显著正相关性,但也存在一些亟待解决的问题,建议进一步改进政府补助方式、结构和规模,以利更好地促进企业创新能力提升。

一是政府 R&D 资助与公司 R&D 支出行为有正相关关系的假设从总体上说是成立的。这一结论在政策层面的启示是,在我国目前知识产权保护制度还存在一定缺陷的背景下,政府直接资助可以降低企业的研发成本,提高企业的预期收益率,在一定程度上补偿了创新外部性带来的成本与收益风险,是克服 R&D 行为外部性、促进企业自主创新的重要途径。推动企业自主创新,提高企业竞争力,构建完善的知识产权保护体系固然是其根本动力,但政府支持同样是对企业创新行为的重要激励。在法律制度短时间内难以大幅改善时,加大政府支持力度是改变目前企业自主创新不足这一状况的直接方法之一。

二是政府 R&D 资助能够显著促进企业创新能力提升。这是因为,政府的 R&D 资助为企业创新活动提供额外的资金支持,使企业研发成本处于较为合适的水平并增强其抵御市场风险的能力。这使得企业创新的积极性大幅提高,有效保障了企业创新活动的动力。而积极性的提高又对企业提升创新活动效率具有一定的促进作用。鉴于政府 R&D 资助对提高企业创新能力的重要意义,未来仍应当进一步扩大政府资助的覆盖范围并加强资助力度,以促进我国企业的创新能力早日上升到新的高度。

三是政府的 R&D 资助对我国不同规模和不同股权性质企业的 R&D 投入都存在刺激效应,但国有企业较非国有企业更愿意进行 R&D 活动,也能得到更多的创新产出。而在效率方面,虽然并不能得出具有显著性意义的结论,但仅从系数看政府补助对国有企业创新能力的提升要低于非国有企业。民营企业比国有企业面临的政治任务更少,其治理结构、利润留存等方面所受到的约束也较少,具有更大的灵活性和更为积极的发展动力。从这一意义上来说,在今后的政府补助中应给予非国有企业更多的关注,以使创新资源配置更加有效。

四是以样本中的信息技术产业中小板和创业板上市公司而言,创新活动是规模不经济的。因此不能对其创新行为进行盲目支持,而要谨慎考量创新边际成本与其边际效益相等的临界点,避免激励过度。

五是对大部分中西部省份企业而言,其政治经济资源较少,上市难度也相对更高,只有少数特别优秀或者特别幸运的公司能够得到上市机会。而很多效率高于发达地区上市公司的企业却得不到融资机会。建议在未来配置政府补助时更多地考虑中西部地区优秀企业的需求,以进一步提升总体创新能力,并促进地区经济均衡发展。

第六章 人力资本投入与创新能力

改革开放以来,中国的人力资本投入规模进入了新的高速增长期,在高级人力资本投入规模不断扩大的同时,人力资本投入的研究关注度也在加大。由于人力资本投入伴随产出,且在知识溢出方面具有显著效应,若以企业为研究对象则人力资本投入的产出表现为企业创新,因此研究人力资本投入与企业创新之间的关系就具有重要的理论和实践意义。

一、人力资本投入影响创新能力的理论分析

人力资本投入与创新能力相关代表性理论如下。

(一) 新增长理论

新增长理论提出人力资本积累对创新有一定促进作用。但从当前中国市场来看,随着受高等教育人力资本规模的扩大,中国全要素生产率反而降低,反映出人力资本并没有有效促进创新。从企业角度来看,企业人力资本中高等教育规模的扩大给创新带来的有利作用是明显的,反映出企业的人力资本确实可以促进创新。

(二) 人力资本理论

创新是企业的灵魂,而人力资本是创新的源泉。所谓人力资本,即工作者

在一段时间内所积累的知识、技能等,包括教育、培训、实践等方面的投入,也可以称为"非物力资本"。

人力资本是一种具有创新特性的资本,可以决定企业未来的发展,为企业各方面的发展、创造提供人力资源,为企业的战略发展提出合理意见。当前,我们处在知识经济初期发展阶段,因此,相对于货币、物质这类资本,人力资本拥有更大的价值,未来的发展更是不可估量。那么,企业对人力资本的投资,对其长期稳定的创新有很大贡献。

人力资源是经济学核心资源中最重要的一种资源。人力投资包括多种元素,教育投资就是其中之一。人力资源有其核心,便是人口质量的改善提高。对人的教育投资其实是一种再生产投资,相对物质生产力的投资所获得的经济效益而言,人力教育投资具有更实在的经济效益。人力资本投入既是人力投资重要的一种方式,也是人力资本最基本的一种手段,所以人力投资可以看成是一种教育投资问题。教育投资可以进一步分解为高等、中等、低等三种形式,投入的程度跟产出的程度自然是正相关的。

人力资本思想最早由亚当·斯密提出,后经沃尔什、舒尔茨发展形成完整的理论。在人力资本理论方面做出较大贡献的经济学家还有贝克尔、明塞等。

1. 舒尔茨人力资本理论

舒尔茨认为,"人力资本是指体现在劳动者身上的,通过投资形成并由劳动者的知识、技能和体力(健康状况)所构成的资本,这种资本是人在自身的经济活动中可以获得收益并不断增值的能力"[1]。人力资本积累是经济增长的源泉,现代经济增长主要通过高素质的劳动力来实现。经济日益发展的今天对劳动者素质的要求越来越高,不仅体现在学历,更体现在能力,具备知识和技能的全能型人才需求量大,而低素质的劳动力日益被市场所淘汰,因此,人力资本投入的重要性便显现出来了。教育成为低素质劳动力转换为高素质劳动力的重要途径。教育对经济增长的促进作用表现为劳动者在知识、技能和创新意识方面的提高。

---

① T.W.舒尔茨:《论人力资本投资》,北京经济学院出版社 1990 年版,第 53 页。

2. 贝克尔人力资本理论的要点

贝克尔系统阐述了人力资本投资以及由此带来的收益。人力资本投资包括教育、保健、劳动力国内外迁移投资。其中,教育投资又分为高等教育和在职培训投资,贝克尔对教育和培训投资带来的收入效应和效率计量进行了实证分析,同时还指出了人们据此来进行决策的行为。

3. 明塞人力资本理论的要点

早在1957年,明塞就从人力资本投资的角度研究收入分配与劳动市场行为的问题。明塞用接受企业培训或教育水平表示人力资本的投资量,建立了人力资本投资的收益率模型。他还提出了人力资本挣得函数,其中将人力资本投资区分为学校教育投资和在职培训等学校教育后的投资两个方面,通过教育年数与工作经验年数来衡量。

（三）现代企业理论

现代企业理论的主要成就在于:对经济不确定性的认识从而导致对交易成本、契约不完备、信息不对称的认识,并进一步引起对人力资本产权特征的不断发现,以及对企业性质与企业所有权配置的深入讨论。在这一理论流派中,具有代表性的理论观点有:科斯对重新发现人力资本具有启蒙意义;奈特和熊彼特对企业家人力资本作用的分析;阿尔钦和德姆塞茨对人力资本偷懒行为的分析;威廉姆森和克莱因等对人力资本机会主义行为的分析;詹森和麦克林对人力资本代理问题的分析;杨小凯和黄有光对人力资本间接定价理论的探讨。

（四）人本管理理论

在经济学的研究对象从物到人的过程中,管理学也开始将管理对象由物质等转到人的能力、知识等。因此就产生了人本管理理论。该理论与人力资本理论相互融合渗透,这表现在众多著名学者的研究中。巴纳德提出系统组织理论,马斯洛提出需求层次理论,麦格雷戈提出X与Y理论,赫茨伯格提出双因素理论,德鲁克提出有效管理者理论,威廉·大内提出Z理论,彼得·圣洁提出学习型组织理论等,均对人力资本理论的发展产生过深刻影响。

新经济增长理论深刻揭示了人力资本在经济增长中至关重要的作用。而现代企业理论与人本管理理论则反映在微观层面上,尤其是在企业层面上,人力资本投资的重要作用。他们意识到企业的发展、制度设计与管理都需要靠人力资本推动。

二、人力资本投入影响战略性新兴产业创新发展现状

(一) 人力资本投入与企业创新现状

改革开放后,中国的人力资本投入规模迅速扩大。教育问题引起广泛重视,九年制义务教育早已普及,中专技校等低等教育学校已频频倒闭,大学生越来越多,大学毕业后继续深造读研或者出国留学已成为普遍现象。即使具有较强的理论基础,但受传统教育观念、学校环境和工作氛围的影响,学生们的创新精神和综合创新能力与时代要求仍存在较大的差距。据资料显示,大学生参加创新活动较少,原始性创新活动更少,顶多只存在一定的模仿性创新,多形成一般水平的创新成果,高水平、高素质、具有创新能力的人太少了,因此企业的创新几乎也只能依赖研究生以上高学历、高素质人才的研发创新能力。到企业工作的研究生比例越来越大。

(二) 人力资本投入与企业创新的问题

尽管人力资本投入作为教育问题的一个方面一直被重视。但当前我国教育仍然存在一些问题,尤其是中低等教育。

首先,教育模式较单一。老师多在讲台上唱独角戏,学生参与少,即使是在部分开放的大学课堂,这种现象也大量存在。这种模式导致学生学习主动性较差,等着老师灌输知识,接受的只是单调的课程内容,故而缺乏反映学科前沿发展的创新知识,学生的创新思维和对未知世界的探索欲望难以被激发。

其次,学习氛围缺乏研究性和创新性。学校培养的是会读书会考试会做理论研究的人才,而企业需要的是会实践会创新会给企业带来收益的人才。两者不匹配,这样企业招不到需要的人才,大量岗位人才缺失,而同时大量学生找不到工作,出现失业现象。

最后,教学内容过于偏向理论而实践较少。学习内容理论脱离实际,致使学生发现问题和解决问题的能力不足,从而难以满足当前企业需要。

(三) 战略性新兴产业发展概况

通过对战略性新兴产业上市公司 2014 年数据进行整理和计算,对战略性新兴产业作出如下分析。

1. 规模偏小,发展壮大

分别按资产规模和员工规模划分上市公司区间,结果如表 6-1 所示。

表 6-1   不同资产规模和员工规模战略性新兴产业上市公司数量及比例

资产规模 (亿元)	公司数	占公司总数 比例	员工规模 (人)	公司数	占公司总数 比例
1—10	38	8%	1—1000	122	25%
10—100	360	75%	1000—5000	244	51%
100—1000	75	15%	5000—10000	66	14%
≥1000	8	2%	≥10000	49	10%

资料来源:根据上交所官网 http://www.sse.com.cn、深交所官网 http://www.szse.cn/披露的战略性新兴产业相关行业上市公司 2014 年年报数据整理。

从表 6-1 中数据可以看出我国战略性新兴产业上市公司的整体情况:75%的公司资产规模集中在 10 亿—100 亿元区间,资产规模在 1000 亿元以上的大型公司只有 2%。由此可见新兴产业整体资产规模偏小,因为其成长时间较短,基本属于资本密集型企业,资产规模有待进一步扩大。再看员工规模情况:员工数在 1 万人以上的公司数只占到 10%,大多数公司员工数在 1000 人到 5000 人之间,比例达到一半。原因同样在于战略性新兴产业成长短而快。虽然战略性新兴产业各方面规模偏小,但其未来发展前景广阔。

2. 重视盈利,忽视创新

按净利润将公司划分区间,结果如表 6-2 所示。

表6-2　战略性新兴产业上市公司净利润规模分布

单位:亿元

净利润规模	公司数	比例
≤0	41	8%
0—1	193	40%
1—10	212	44%
10—100	32	7%
≥100	3	1%

资料来源:根据上交所官网 http://www.sse.com.cn、深交所官网 http://www.szse.cn 披露的战略性新兴
　　产业相关行业上市公司 2014 年年报数据整理。

从净利润的数据可以看出:战略性新兴产业在发展初期,盈利情况较好,净利润为正的公司数量占公司总数的比例达到92%,其中净利润1亿以上的占到52%。因市场激烈竞争导致企业过分追求盈利的现象拖延了新技术的研发进程,致使企业创新能力普遍偏低。

3. 人力资本投入有限,资本积累不足

创新是企业的灵魂,而人力资本是创新的源泉。人力资本投入是人力资本的源泉。由数据计算所得,只有20%的公司其本科及以上学历的员工比例达到一半,7%的公司本科及以上学历的员工比例不到10%;只有1家上市公司研究生及以上比例达到51%,14%的公司这一比例在10%以上,18%的公司没有研究生人才。由此可见这些公司用于研发的创新人才不足,人力资本投入严重不足,导致战略性新兴产业科研创新能力有限。

三、人力资本投入影响创新能力的实证分析

人力资本投资为企业创新提供了原动力。人力资本投入主要集中在高级

人才和科研投入两方面,对企业创新产出的影响重大。

相关领域国外有大量研究,并取得了有效成果。贾菲(Jaffe)①实证考察了大学科研水平对地区企业创新活动的影响,结果表明大学科研水平对企业(尤其是高科技企业)的专利数有显著影响。阿克斯(Acs)②等通过实证研究发现中小企业的创新很大程度上来源于高等教育的知识溢出效应。曼斯菲尔德(Mansfield)和李(Lee)③研究大学与产业间的关系,他们认为这种关系推动产业技术进步,提高产业创新能力,通过对美国行业实证数据分析得出一流大学和普通大学在推动产业创新过程中都起着积极的作用。伯纳德(Autant-Bernard)④研究高等教育发现,公共研究对地区创新能力有积极影响。奥德雷兹基(Audretsch)等⑤以德国高科技企业为研究对象,研究大学知识溢出对企业的影响,结果表明知识技术型企业善于利用大学的知识溢出效应。由此说明高级人力资本投入的重要性——为企业培养创新型人才,提高企业科研创新能力。

国内关于人力资本投入与创新之间关系的研究也取得了一些实质性成果。王立平⑥借鉴知识生产函数模型,研究发现区域内高等院校有助于高技术产业的知识溢出。程爱洁⑦以韩国为例进行研究,发现世纪年代高等教育改革和发展对韩国重工业技术的创新起到了相当重要的作用。张炜和杨选留⑧研

---

① Jaffe,Adam B.,"Real Effects of Academic Research",*American Economic Review*,1989,79,pp.957-970.

② Acs Z.J.,Audretsch D.B.,Feldman M.P.,"R&D spillovers and recipient firm size",*Review of Economics and Statistics*,1994,76(2),pp.336-340.

③ Mansfield,E.,Lee,J.-Y.,"The Modern University:Contributor to Industrial Innovation and Recipient of industrial R&D Support",*Research Policy*,1996,25,pp.1047-1058.

④ Audretsch,D.B.,Lehmann,E.,Warning,S.,"University Spillovers and New Firm Location",*Research Policy*,2005,34(7),pp.1113-1122.

⑤ Autant-Bernard,Corinne,"Science and Knowledge Flows:Evidence From The French Case",*Research Policy*,2001,30,pp.1069-1078.

⑥ 参见王立平:《我国高校 R&D 知识溢出的实证研究——以高技术产业为例》,《中国软科学》2005 年第 12 期。

⑦ 参见程爱洁:《韩国高等教育的发展历程及特点》,《上海理工大学学报》(社会科学版)2005 年第 27 期。

⑧ 参见张炜、杨选留:《国家创新体系中高校与研发机构的作用与定位研究》,《研究与发展管理》2006 年第 4 期。

究了高等学校与国家研发机构在国家创新体系中的作用,研究得出高等教育
在培养创新型人才和基础性及前沿性研究方面的重要作用,提出政府应加大
对高等教育的投入力度,不断完善国家创新体系。范旭和石金叶[1]研究美国
在教育与技术创新方面的成功经验,美国高度重视高等教育创新投入,其高等
学校为技术创新提供基础知识、人力资本、企业家创新精神及相关创新服务,
值得我国借鉴学习。万坤扬[2]等运用空间计量模型研究高校知识溢出对大中
型工业企业专利申请和新产品开发这两方面创新绩效的影响,发现高校与企
业合作规模越大,则高校对企业创新贡献也越大。丁宝军和朱桂龙[3]在知识
结构与企业创新绩效关系的研究中,发现具有高级职称的员工人数与企业创
新绩效有显著的正相关关系,且隐性知识存量对企业创新有贡献。傅小勇[4]
指出高校创新体系的建设应该包括教育、科技、经济一体化,培养高素质的创
新型人才。我国 2008 年 1 月 1 日正式施行的《中华人民共和国企业所得税法
实施条例》明确鼓励企业加强职工人力资本投入。刘录敬和陈晓明[5]以柯布-
道格拉斯生产函数为基础展开研究,表明员工教育水平、工资水平及管理层持
股都对企业产出有显著积极影响。冒佩华等[6]认为研发人员对企业创新能力
的提升有积极作用,应重视人力资本投入。钱晓烨等[7]运用中国各省 1997 年
到 2006 年的数据,利用计量回归法研究人力资本对技术创新的作用,结果表
明从业人员受教育水平与地区创新水平正相关,且受过高等教育者对地区创

①　参见范旭、石金叶:《美国高校在区域技术创新中的作用及其启示》,《科学学与科学技
术管理》2006 年第 6 期。

②　参见万坤扬、陆文聪:《我高校研发知识溢出与大中型工业企业创新绩效》,《中国科技
论坛》2010 年第 9 期。

③　参见丁宝军、朱桂龙:《基于知识结构的 R&D 投入与技术创新绩效关系的实证分析》,
《科学学与科学技术管理》2008 年第 9 期。

④　参见傅小勇:《基于系统论的高校科技创新体系的构建思路》,《科技进步与对策》2009
年第 16 期。

⑤　参见刘录敬、陈晓明:《基于上市公司的人力资本对企业产出影响的实证研究》,《改革
与战略》2010 年第 8 期。

⑥　参见冒佩华、周亚虹、黄鑫、夏正青:《从专利产出分析人力资本在企业研发活动中的作
用——以上海市大中型工业企业为例证》,《财经研究》2011 年第 37 期。

⑦　参见钱晓烨、迟巍、黎波:《人力资本对我国区域创新及经济增长的影响——基于空间
计量的实证研究》,《数量经济技术经济研究》2010 年第 4 期。

新贡献更大。邓峰①通过对新疆财政性教育经费与区域技术创新能力关联分析,发现新疆人力资本投资与区域技术创新能力的关联度,中等教育最大、基础教育次之、高等教育最后。张丽慧和罗鄂湘②研究中国 31 个省、区的高等教育和大中型企业创新,发现高等教育发展水平对大中型工业企业创新能力有显著的正向影响。李华晶和张玉利③以天津市科技型中小企业为研究对象,发现高管团队受教育水平与企业研发投入没有显著关系。胡凤玲和张敏④采用回归分析研究发现通过知识创造的中介作用,人力资本异质性正向影响企业创新绩效。郭利华提出劳动力供求矛盾的教育培训方法,具体包括:现代化农业与工业发展可以通过对农村劳动力进行教育培训,从而获得农村转移的劳动力;对现有农业劳动力进行教育培训将其转化为技术工人;通过技术进步提高中小微企业的创新能力,从而提高就业容纳能力;通过加大教育投资力度,培养创新型人才⑤。

国内外学者的研究成果有一定的参考价值和借鉴意义。但是,大部分学者研究人力资本投入与创新时较少从效率的角度考察,选取样本时以地区为样本的研究较多而以企业为样本的研究较少。

(一) 变量设计

根据本书第二章的分析,以层次分析法(AHP)得出的企业创新能力作为被解释变量,用 E 表示;企业投入效率用 RD 表示,企业运营效率用 RA 表示,企业盈利效率用 PA 表示,企业产出效率用 OA 表示。

以人力资本投入为解释变量。人力资本投入分为两个方面:研发人员投

① 参见邓峰:《技术创新能力与教育投资关联度研究——以新疆为例》,《技术经济与管理研究》2012 第 4 期。

② 参见张丽慧、罗鄂湘:《高等教育发展水平对企业创新能力的溢出效应》,《上海理工大学学报》2014 第 36 期。

③ 参见李华晶、张玉利:《高管团队特征与企业创新关系的实证研究——以科技型中小企业为例》,《商业经济与管理》2006 年第 5 期。

④ 参见胡凤玲、张敏:《人力资本异质性与企业创新绩效——调节效应与中介效应分析》,《财贸研究》2014 年第 6 期。

⑤ 参见郭利华:《新常态下劳动力供求矛盾的教育培训解决路径》,《经济研究参考》2014 第 68 期。

入和人力资本结构,其中人力资本结构分为高等人力资本投入、中等人力资本投入和低等人力资本投入。

研发人员投入用研发人员的比例来衡量,用 RDP 表示,代表企业在教育投资部分用于研发人员的投资比例,这个数据正好反映了企业在人力资本投资领域的研发投入力度。

高等人力资本投入用研究生及以上学历人员的比例来衡量,以 EDU_1 表示,代表企业在人力资本投入部分对于高端人才的投资比例,这个数据正好反映了企业在人力资本投资方面的高等人力资本投入力度。

中等人力资本投入用本科学历人员的比例来衡量,以 EDU_2 表示,代表企业在人力资本投入部分对于中端人才的投资比例,这个数据正好反映了企业在人力资本投资方面的中等人力资本投入力度。

低等人力资本投入用大专及以下学历人员的比例来衡量,以 EDU_3 表示,代表企业在人力资本投入部分对于低端人才的投资比例,这个数据正好反映了企业在人力资本投资方面的低等人力资本投入力度。

通过以上解释变量构造一个人力资本投入结构体系,以此来研究其对企业创新能力的影响。

由于影响企业创新能力的因素有很多,为了让模型设定合理化,加入以下几个主要的控制变量:

资本结构。一个企业的资本结构反映了其财务状况,既可能直接影响其经营绩效,也可能在其经营决策中产生对资金的使用约束而最终将其作用传导到创新能力上来。资本结构不合理对企业的影响是显而易见的,过高的资产负债率意味着企业背负沉重的利息负担,从而资金使用受到限制,创新能力自然会受到影响。考虑到这种财务状况影响,我们引入资产负债率作为其中一个控制变量。

企业规模。从西方经济学的角度来看,企业经营时有规模效应,企业规模会对其经营产生一定的影响,即在企业的发展过程中,都会经历一个规模递增、不变到递减的阶段。在生产规模扩大到一定程度时,边际收益大于边际成本,总利润就会随着生产要素的投入而增多,产生规模经济。最佳规模值点上可以实现规模经济,规模过大、过小都会在一定程度上阻碍企业的发展。引入企业规模这一变量,研究其实质作用,该变量用企业总资产的自然对数来度量。

企业性质。企业实际控制人的属性代表企业的政治关联,政治关联对企业创新能力具有一定影响。引入虚拟变量 STATE,若实际控制人为国家或国有法人,则该值为 1;若实际控制人的属性是自然人或一般法人,则该值为 0。

各变量的含义见表 6-3。

表 6-3　变量的含义

变量	简写	定义
创新能力	E	层次分析法计算所得值
投入效率	RD	研发费用/营业收入
运营效率	RA	现金流量/净资产
盈利效率	PA	扣除非经常性损益的净利润/净资产
产出效率	OA	主营业务利润/总资产
研发人员投入	RDP	研发人员占员工总数的比例
高等人力资本投入	EDU_1	硕士及以上学历人数占员工总数的比例
中等人力资本投入	EDU_2	本科学历人数占员工总数的比例
低等人力资本投入	EDU_3	本科以下学历人数占员工总数的比例
资本结构	LEV	企业的资产负债率
企业规模	SIZE	企业总资产的自然对数
企业性质	STATE	国有控股值为 1,反之为 0

选取上市公司年报 2014 年截面数据,以在沪深证券交易所上市的战略性新兴产业 501 家企业为研究样本。剔除研发费用未披露的企业后,最终选取 481 家战略性新兴产业上市公司作为研究样本。

在数据来源上,企业资产、负债、现金流、利润等财务数据来源于万得(wind)数据库以及巨潮咨询网和沪深证券交易所网站披露的上市公司年报。另外,由于各上市公司人力资本投入的标准不一致,无法通过万得数据库查找相关数据。为了研究结果的可靠性,笔者逐个收集 481 家上市公司的年报并进行整理获得相关数据。最终所有数据结果均运用 Eviews7.2 软件进行处理获得。

本书根据衡量人力资本投入的四个指标,提出以下四个假设:

假设一:在其他条件不变的前提下,研发人员投入与企业的创新能力正相关。

假设二:在其他条件不变的前提下,高等人力资本投入与企业的创新能力正相关。

假设三:在其他条件不变的前提下,中等人力资本投入与企业的创新能力正相关。

假设四:在其他条件不变的前提下,低等人力资本投入与企业的创新能力负相关。

假设五:在其他条件不变的前提下,整体人力资本投入与企业的创新能力正相关。

根据上述变量设计和研究假设,建立如下五个多元线性回归模型,以此研究人力资本投入对战略性新兴产业企业创新能力的影响。具体模型设计如下:

根据假设一,建立研发人员投入与创新能力关系的模型一:

$$E = \delta_1 + \alpha_1 RDP + \alpha_2 LEV + \alpha_3 SIZE + \alpha_4 STATE + \varepsilon$$

根据假设二,建立高等人力资本投入与创新能力关系的模型二:

$$E = \delta_2 + \beta_1 EDU_1 + \beta_2 LEV + \beta_3 SIZE + \beta_4 STATE + \varepsilon$$

根据假设三,建立中等人力资本投入与创新能力关系的模型三:

$$E = \delta_3 + \chi_1 EDU_2 + \chi_2 LEV + \chi_3 SIZE + \chi_4 STATE + \varepsilon$$

根据假设四,建立低等人力资本投入与创新能力关系的模型四:

$$E = \delta_4 + \lambda_1 EDU_3 + \lambda_2 LEV + \lambda_3 SIZE + \lambda_4 STATE + \varepsilon$$

根据假设五,建立人力资本投入整体与创新能力关系的模型五:

$$E = \delta_5 + \mu_1 EDU + \mu_2 LEV + \mu_3 SIZE + \mu_4 STATE + \varepsilon$$

其中:δ 为常数项,α、β、χ、λ、μ 为系数,ε 为随机误差项。

(二) 实证分析

为了检验假设及模型是否符合实际,根据上文提出的研究假设和模型设定对各个模型进行实证分析。

1. 描述性统计

表 6-4 变量的描述性统计

	RDP	EDU_1	EDU_2	EDU_3
平均值	0.240504	0.061935	0.271225	0.667485
中值	0.183900	0.040000	0.228900	0.710981
极大值	0.844400	0.518800	0.848400	1.000000
极小值	0.000000	0.000000	0.011800	0.057325
标准差	0.172713	0.066130	0.167630	0.206415
偏度	1.365362	2.397049	0.918924	-0.839432
峰度	4.442269	11.37343	3.285128	2.989469
Jarque-Bera 检验	191.1373	1865.834	69.32378	56.49141
Prob.	0.000000	0.000000	0.000000	0.000000
总数	115.6826	29.79060	130.4594	321.0601
平方求和	14.31836	2.099116	13.48796	20.45138
观测值	481	481	481	481

表 6-5 变量的描述性统计续（1）

	E	LEV	SIZE	STATE
平均值	0.071544	0.414516	12.85663	0.320166
中值	0.067112	0.410600	12.67466	0.000000
极大值	0.365805	0.944100	18.03949	1.000000
极小值	-0.434173	0.014000	10.29466	0.000000
标准差	0.059432	0.200050	1.171327	0.467026
偏度	-1.054327	0.201696	1.070273	0.770925
峰度	17.92334	2.249807	4.948399	1.594325
Jarque-Bera 检验	4552.515	14.54055	167.9131	87.24582
Prob.	0.000000	0.000696	0.000000	0.000000
总数	34.41257	199.3823	6184.038	154.0000
平方求和	1.695423	19.20951	658.5635	104.6944
观测值	481	481	481	481

由各变量的描述性统计得到以下结论：

创新能力分析。样本公司创新能力整体偏低，均值只有 0.072。企业之间的创新能力差异显著，即有的创新能力为 0.366 而有的公司却为负值。这表明部分公司对创新投入资源的利用不太合理，产出水平有待提升。

研发人员投入分析。样本公司研发人员比例均值达到 24.05%，这个数据说明这些新兴产业相对具有一定的科研创造潜力，当然这个比例对于创新能力强的企业来说还远远不够。

人力资本结构分析。从表中数据可以看出，在 481 个样本公司中，硕士及以上平均比例达到 6.19%，本科比例达到 27.12%，大专及以下比例达到 66.74%。虽然研究生及以上人员有一定比例，但比例较小，因此战略性新兴产业需要提高研究生方面的人才，应该加大人力资本投入力度。

其他变量分析。样本企业中只有 32.02% 的企业属于国有企业，而大部分属于民营企业。这个结论与法西奥（Faccio）的研究有一定程度类似，相对来说本研究的国有企业还算较多。Faccio 选取了 47 个国家作为样本，研究发现拥有政治背景的企业数量约占总上市企业的 3%[1]。另外，资产负债率均值达到 41.45%，处于中等水平，表明该新兴行业内通过负债获得资金的企业接近一半。

2. 相关性检验

在进行多元回归之前，首先对拟主要考察变量间的相关系数进行检验，初步检验变量间是否有线性关系，是否存在多重共线性。使用 Eviews 统计软件进行相关性检验，得出结果如表 6-6 所示。

表 6-6　变量相关性检验结果

Correlation Probability	E	RDP	EDU_1	EDU_2
E	1	0.3358	0.3235	0.3571
RDP	0.3358	1	0.5663	0.6957
EDU_1	0.3235	0.5663	1	0.4464
EDU_2	0.3571	0.6957	0.4464	1

① Faccio, "Politically Connected Firms", *American Economics Review*, 2006(96), pp.369-386.

Correlation Probability	E	RDP	EDU$_1$	EDU$_2$
EDU$_3$	−0.3976	−0.7496	−0.6830	−0.9545
LEV	−0.4726	−0.2082	−0.1942	−0.1802
SIZE	−0.1228	−0.0853	−0.0168	−0.0571
STATE	−0.2673	−0.0826	0.0428	−0.0436

表6-7　变量相关性检验结果续(1)

Correlation Probability	EDU$_3$	LEV	SIZE	STATE
E	−0.3976	−0.4726	−0.1228	−0.2673
RDP	−0.7496	−0.2082	−0.0853	−0.0826
EDU$_1$	−0.6830	−0.1942	−0.0168	0.0428
EDU$_2$	−0.9545	−0.1802	−0.0571	−0.0436
EDU$_3$	1	0.2051	0.0454	0.0215
LEV	0.2051	1	0.5359	0.3921
SIZE	0.0454	0.5359	1	0.4709
STATE	0.0215	0.3921	0.4709	1

从相关性检验结果可以看出,在人力资本投入的主要变量中,企业的创新能力与研发人员投入、高等人力资本投入、中等人力资本投入成正相关,而与低等人力资本投入成负相关,表明人力资本投入对企业的科研创新起到了一定作用。企业对研发人员中、高等教育的投入有助于企业自主创新能力提高,这些变量的相关性符号均符合我们预期。

其他变量,企业的创新能力与资本结构、企业规模和企业性质成负相关。资本结构的影响,可能是因为企业资产负债率的增加会给企业带来资金匮乏问题,资金运营困难导致企业只能将已有的通过负债所获得资金用于企业的正常运营,无暇顾及企业的科研创新,自然会降低企业的创新能力,变量的相关性符号也符合我们预期。关于企业规模,结果显示并非企业的规模越大创新能力越强,规模越大反而创新能力越低,那么是什么导致了这一结果呢? 可能因为所选取的样本企业并不是处于发展初期,而是发展到了一定阶段,随着企业规模继续扩大,企业的创新能力反而降低,变量的相关性符号可能与预期有所不同,有待进一步检验。关于企业性质,如果企业实际控制人是国家并不利于企业创新,由一般法人或自然人控制的企业创新能力更强,变量的相关性符号符合我们预期。这表明当前企业要想在现代企业竞争中取得胜利,必须创新,国家经济转型发展必须依赖国企改革。

需要特别说明的是,这些结论只是从相关系数上呈现出的结果,不同个体的干扰会影响相关性检验,因而检验结果并不是十分精确。更精确的结论,还需要进一步在回归分析中检验获得。

另外,由相关性检验可知除了中等人力资本投入和低等人力资本投入变量之间有一定的共线性问题,大部分变量间不存在显著的共线性,因此,利用逐步回归方法处理多重共线性问题后,确定合适的解释变量进行接下来的回归分析。

3.多元线性回归结果与分析

接下来对上文提出的五个模型进行多元线性回归分析。

表6-8　模型一的多元线性回归结果

	Coefficient	Std.Error	t-Statistic	Prob.
Dependent Variable:E				
Method:Least Squares				
Sample:1 481				
Included observations:481				
C	−0.036196	0.028520	−1.269139	0.2050
RDP	0.083111	0.013252	6.271571	0.0000
LEV	−0.143334	0.013730	−10.43918	0.0000
SIZE	0.011984	0.002403	4.986503	0.0000
STATE	−0.021558	0.005529	−3.899207	0.0001
R-squared	0.325439	Mean dependent var		0.071544
Adjusted R-squared	0.319770	S.D.dependent var		0.059432
S.E.of regression	0.049017	Akaike info criterion		−3.182960

续表

	Coefficient	Std.Error	t-Statistic	Prob.
Sum squared resid	1. 143667	Schwarz criterion		−3. 139552
Log likelihood	770. 5020	Hannan−Quinn criter.		−3. 165899
F-statistic	57. 41096	Durbin−Watson stat		1. 967623
Prob(F-statistic）	0. 000000			

R−squared = 0. 325439；Durbin−Watsonstat = 1. 967623；F−statistic = 57. 41096；Prob(F−statistic) = 0. 000000

通过表 6-8 所示多元线性回归结果可以看出，各变量对企业自主创新能力 E 的影响中，研发人员投入（RDP）、资产负债率（LEV）、企业规模（SIZE）、企业性质（STATE）都通过了 1% 的显著性检验。

多元线性回归结果可以从四个方面分解来看。

（1）从拟合优度来看。拟合优度为 0. 325439，调整后的为 0. 319770，拟合程度较低，但是模型总体在 1% 的水平下通过了显著性检验，且模型的经济关系合理。企业创新能力影响因素除了人力资本投入相关变量外还有很多，而本书旨在探讨企业人力资本投入对企业创新能力的影响，并没有加入过多其他影响企业创新能力的因素，因此对拟合优度的要求并不高。（下文中人力资本投入其他几个变量得出的拟合优度解释同理。）

（2）从 D.W.值来看。D.W.值为 1. 967623，一般来说，当 D.W.值在 2 附近时，模型不存在一阶序列相关性。

（3）从方程总体的显著性检验来看。本方程的 F 值为 57. 41，查 F 的临界值表得，在 1% 的显著性水平下，F 统计量的临界值在 3. 32 至 3. 48 之间。方程的 F 值远远大于其临界值，表明此方程的线性关系是显著成立的。

（4）从变量的显著性来看。本回归分析表中的数据显示，各解释变量和控制变量的 t 值的绝对值分别为 6. 272、10. 439、4. 987、3. 8995，查 t 检验的临界值表得，在 1% 的显著性水平下 t 的临界值为 2. 586，所以研发人员投入（RDP）、资产负债率（LEV）、企业规模（SIZE）、企业性质（STATE）在 1% 的显著性水平下通过了显著性检验。

接下来具体分析解释变量及控制变量对被解释变量的影响。

（1）企业研发人员投入相关系数为 0. 083111，这与我们的预期是一致的。

这表明研发人员比例越大,战略性新兴产业企业科研创新能力越强,自然创新能力也越高。具体来说,研发人员比例每提高一个百分点,创新能力约上升8.3个百分点,符合假设一。

(2)企业资产负债率的相关系数为-0.143334,与预期一致。该数据表明企业资产负债率过高不利于其科研创新。也就是说,资产负债率每提高一个百分点,创新能力约下降14.3个百分点。

(3)企业规模的相关系数为0.011984,与我们的预期相反。该数据表明企业规模越大,越有利于其科研创新。企业规模扩大后,各方面资源充足,能够合理利用以提高自身的创新能力。

(4)企业性质的相关系数为-0.021558,与我们的预期一致。虽然大部分国有企业资金补助、运营条件等各方面优于民营企业,但由于受到各方面的限制,反而没有民营企业的灵活性,因此在创新能力方面,民营企业优于国有企业。本研究显示了国企改革的必要性。

通过 Eviews 进行的多元线性回归分析,最终得出研发人员投入对企业创新能力影响模型的回归设计:

$$E=-0.036196+0.083111RDP-0.143334LEV+$$
$$0.011984SIZE-0.021558STATE$$

表6-9　模型二的多元线性回归结果

Dependent Variable:E				
Method:Least Squares				
Sample:1 481				
Included observations:481				
	Coefficient	Std.Error	t-Statistic	Prob.
C	-0.024227	0.028350	-0.854569	0.3932
EDU_1	0.220274	0.034846	6.321431	0.0000
LEV	-0.138926	0.013865	-10.01960	0.0000
SIZE	0.011505	0.002405	4.782810	0.0000
STATE	-0.025608	0.005555	-4.610278	0.0000
R-squared	0.326260	Mean dependent var		0.071544

续表

	Coefficient	Std.Error	t-Statistic	Prob.
Adjusted R-squared	0.320598	S.D.dependent var		0.059432
S.E.of regression	0.048987	Akaike info criterion		-3.184178
Sum squared resid	1.142275	Schwarz criterion		-3.140770
Log likelihood	770.7948	Hannan-Quinn criter		-3.167117
F-statistic	57.62590	Durbin-Watsonstat		1.970985
Prob(F-statistic)	0.000000			

R-squared=0.326260;Durbin-Watsonstat=1.970985;F-statistic=57.62590;Prob(F-statistic)=0.000000

　　通过多元线性回归结果可以看出,各变量对企业自主创新能力 E 的影响中,高等人力资本投入(EDU_1)、资产负债率(LEV)、企业规模(SIZE)、企业性质(STATE)都通过了1%的显著性检验。

　　多元线性回归结果可以从四个方面分解来看。

　　(1)从拟合优度来看。拟合优度为0.326260,调整后为0.320598,拟合程度较低,但是模型总体在1%的水平下通过了显著性检验,且模型经济关系合理。

　　(2)从 D.W.值来看。D.W.值为1.9710,一般来说,当 D.W.值在2附近时,模型不存在一阶序列相关性。

　　(3)从方程总体的显著性检验来看。本方程的 F 值为57.63,查 F 的临界值表,在1%的显著性水平下,F 统计量的临界值在3.32至3.48之间。方程的 F 值远远大于其临界值,表明此方程的线性关系是显著成立的。

　　(4)从变量的显著性来看。本回归分析表中的数据显示,各解释变量和控制变量的 t 值的绝对值分别为6.321、10.020、4.783、4.610,查 t 检验的临界值表得,在1%的显著性水平下 t 的临界值为2.586,所以,高等人力资本投入(EDU_1)、资产负债率(LEV)、企业规模(SIZE)、企业性质(STATE)在1%的显著性水平下通过了显著性检验。

　　接下来具体分析解释变量及控制变量对被解释变量的影响。

　　(1)企业高等人力资本投入相关系数为0.220274,这与我们的预期一致。该数据表明企业高等教育人力资本投入力度越大,越有利于其科研创新。即受过高等教育人员比例每提高一个百分点,创新能力约上升22个百分点。符合假设二。

(2)企业资产负债率的相关系数为-0.138926,与预期一致。该数据表明企业资产负债率抑制其科研创新能力。也就是说,资产负债率每提高一个百分点,创新能力约下降13.9个百分点。

(3)企业规模相关系数为0.011505,与预期相反。同上一模型得出的结论一致。

(4)企业性质相关系数为-0.025608,与预期一致。同上一模型得出的结论一致。

通过 Eviews 进行多元线性回归分析,最终得出高等人力资本投入对企业创新能力影响模型的回归设计:

$$E = -0.024227 + 0.220274EDU_1 - 0.138926LEV + $$

$$0.011505SIZE - 0.025608STATE$$

表6-10 模型三的多元线性回归结果

Dependent Variable:E				
Method:Least Squares				
Sample:1 481				
Included observations:481				
	Coefficient	Std.Error	t-Statistic	Prob.
C	-0.040795	0.028160	-1.448668	0.1481
EDU_2	0.098045	0.013402	7.315481	0.0000
LEV	-0.141986	0.013518	-10.50333	0.0000
SIZE	0.011810	0.002371	4.980316	0.0000
STATE	-0.022586	0.005455	-4.140700	0.0000
R-squared	0.343508	Mean dependent var		0.071544
Adjusted R-squared	0.337991	S.D.dependent var		0.059432
S.E.of regression	0.048356	Akaike info criterion		-3.210112
Sum squared resid	1.113033	Schwarz criterion		-3.166704
Log likelihood	777.0319	Hannan-Quinn criter		-3.193050
F-statistic	62.26637	Durbin-Watsonstat		2.001538
Prob(F-statistic)	0.000000			

R-squared=0.343508;Durbin-Watsonstat=2.001538;F-statistic=62.26637;Prob(F-statistic)=0.000000

通过多元线性回归结果可以看出,各变量对企业自主创新能力 E 的影响中,中等人力资本投入(EDU$_2$)、资产负债率(LEV)、企业规模(SIZE)、企业性质(STATE)都通过了 1% 的显著性检验。

多元线性的回归结果可以从四个方面分解来看。

(1)从拟合优度来看。拟合优度为 0.343508,调整后的为 0.337991,拟合程度较低,但是模型总体在 1% 的水平下通过了显著性检验,且模型经济关系合理。

(2)从 D.W.值来看。D.W.值为 2.0015,一般来说,当 D.W.值在 2 附近时,模型不存在一阶序列相关性。

(3)从方程总体的显著性检验来看。本方程的 F 值为 62.27,查 F 的临界值表,在 1% 的显著性水平下,F 统计量的临界值在 3.32 至 3.48 之间。方程的 F 值远远大于其临界值,表明此方程的线性关系是显著成立的。

(4)从变量的显著性来看。本回归分析表中的数据显示,各解释变量和控制变量的 t 值的绝对值分别为 7.315、10.503、4.980、4.141,查 t 检验的临界值表得,在 1% 的显著性水平下 t 的临界值为 2.586,所以,中等人力资本投入(EDU$_2$)、资产负债率(LEV)、企业规模(SIZE)、企业性质(STATE)在 1% 的显著性水平下通过了显著性检验。

接下来具体分析解释变量及控制变量对被解释变量的影响。

(1)企业的中等人力资本投入相关系数为 0.098045,这与预期一致。该数据表明企业中等教育人力资本投入力度越大,越有利于其科研创新。也就是说,受过中等教育的人员比每提高一个百分点,创新能力约上升 9.8 个百分点。符合假设三。

(2)企业资产负债率的相关系数为 -0.141986,与预期一致。该数据表明企业的资产负债率抑制其科研创新。也就是说,资产负债率每提高一个百分点,创新能力约下降 14.2 个百分点。

(3)企业规模相关系数为 0.011810,与预期相反。

(4)企业性质相关系数为 -0.022586,与预期一致。

通过 Eviews 进行多元线性回归分析,最终得出中等人力资本投入对企业创新能力模型的回归设计:

$$E=-0.040795+0.098045EDU_2-0.141986LEV+$$
$$0.011810SIZE-0.022586STATE$$

表 6-11　模型四的多元线性回归结果

Dependent Variable:E				
Method:Least Squares				
Sample:1 481				
Included observations:481				
	Coefficient	Std.Error	t-Statistic	Prob.
C	0.049029	0.028678	1.709628	0.0880
EDU_3	−0.089353	0.010819	−8.258818	0.0000
LEV	−0.135259	0.013448	−10.05805	0.0000
SIZE	0.011345	0.002341	4.845496	0.0000
STATE	−0.023851	0.005385	−4.429581	0.0000
R-squared	0.361231	Mean dependent var		0.071544
Adjusted R-squared	0.355863	S.D.dependent var		0.059432
S.E.of regression	0.047699	Akaike info criterion		−3.237480
Sum squared resid	1.082984	Schwarz criterion		−3.194071
Log likelihood	783.6138	Hannan-Quinn criter.		−3.220418
F-statistic	67.29574	Durbin-Watsonstat		2.015689
Prob(F-statistic)	0.000000			

R-squared=0.361231;Durbin-Watsonstat=2.015689;F-statistic=67.29574;Prob(F-statistic)=0.000000

通过多元线性回归结果可以看出,各变量对企业自主创新能力 E 的影响中,低等人力资本投入(EDU_3)、资产负债率(LEV)、企业规模(SIZE)、企业性质(STATE)都通过了1%的显著性检验。

多元线性的回归结果可以从四个方面分解来看。

(1)从拟合优度来看。拟合优度为 0.361231,调整后为 0.355863,拟合程度较低,但是模型的总体在1%的水平下通过了显著性检验,且模型的经济关系合理。

(2)从 D.W.值来看。D.W.值为 2.0157,一般来说,当 D.W.值在 2 附近时,模型不存在一阶序列相关性。

（3）从方程总体的显著性检验来看。本方程的 F 值为 62.30(67.30)，查 F 的临界值表得，在 1%的显著性水平下，F 统计量的临界值在 3.32 至 3.48 之间。方程的 F 值远远大于其临界值，表明此方程的线性关系是显著成立的。

（4）从变量的显著性来看。本回归分析表中的数据显示，各解释变量和控制变量的 t 值的绝对值分别为 8.259、10.058、4.845、4.430，查 t 检验的临界值表得，在 1%的显著性水平下 t 的临界值为 2.586，所以，低等人力资本投入（EDU_3）、资产负债率(LEV)、企业规模(SIZE)、企业性质(STATE)在 1%的显著性水平下通过了显著性检验。

接下来具体分析解释变量及控制变量对被解释变量的影响。

（1）企业低等人力资本投入相关系数为-0.089353，这与预期一致。该数据表明企业低等人力资本投入抑制其科研创新能力的提高。也就是说，受过低等教育的人员比每提高一个百分点，创新能力约下降 8.9 个百分点。符合假设四。

（2）企业资产负债率的相关系数为-0.135259，与预期一致。该数据表明企业资产负债率抑制其科研创新能力。也就是说，资产负债率每提高一个百分点，创新能力约下降 13.5 个百分点。

（3）企业规模相关系数为 0.011345，与预期相反。

（4）企业性质相关系数为-0.023851，与预期一致。

通过 Eviews 进行多元线性回归分析，最终得出低等人力资本投入对企业创新能力模型的回归设计：

$$E = 0.049029 + 0.098045EDU_3 - 0.135259LEV +$$
$$0.011345SIZE - 0.023851STATE$$

表 6-12　模型五的多元线性回归结果

Dependent Variable:E				
Method:Least Squares				
Sample:1 481				
Included observations:481				
	Coefficient	**Std.Error**	**t-Statistic**	**Prob.**
C	-0.034239	0.028202	-1.214069	0.2253

	Coefficient	Std.Error	t-Statistic	Prob.
RDP	0.053057	0.015716	3.376052	0.0008
EDU_1	0.143179	0.041349	3.462709	0.0006
LEV	-0.135808	0.013748	-9.878724	0.0000
SIZE	0.011524	0.002380	4.842591	0.0000
STATE	-0.024066	0.005514	-4.364524	0.0000
R-squared	0.342047	Mean dependentvar		0.071544
Adjusted R-squared	0.335122	S.D.dependentvar		0.059432
S.E.of regression	0.048461	Akaike info criterion		-3.203732
Sum squared resid	1.115508	Schwarz criterion		-3.151642
Log likelihood	776.4975	Hannan-Quinn criter.		-3.183258
F-statistic	49.38729	Durbin-Watsonstat		1.979703
Prob(F-statistic)	0.000000			

R-squared=0.342047;Durbin-Watsonstat=1.979703;F-statistic=49.38729;Prob(F-statistic)=0.000000

通过多元线性回归结果可以看出,各变量对企业自主创新能力 E 的影响中,研发人员投入(RDP)、高等人力资本投入(EDU_1)、资产负债率(LEV)、企业规模(SIZE)、企业性质(STATE)都通过了 1% 的显著性检验。

多元线性的回归结果可以从四个方面分解来看。

(1)从拟合优度来看。拟合优度为 0.342047,调整后为 0.335122,拟合程度较低,但是模型总体在 1% 的水平下通过了显著性检验,且模型经济关系合理。

(2)从 D.W.值来看。D.W.值为 1.9797,一般来说,当 D.W.值在 2 附近时,模型不存在一阶序列相关性。

(3)从方程总体的显著性检验来看。本方程的 F 值为 49.39,查 F 的临界值表,在 1% 的显著性水平下,F 统计量的临界值在 3.17 至 3.02 之间。方程的 F 值远远大于其临界值,表明此方程的线性关系是显著成立的。

(4)从变量的显著性来看。本回归分析表中的数据显示,各解释变量和控制变量的 t 值的绝对值分别为 3.376、3.463、9.879、4.843、4.365,查 t 检验的临界值表得,在 1% 的显著性水平下 t 的临界值为 2.586,所以研发人员投入

(RDP)、高等人力资本投入(EDU$_1$)、资产负债率(LEV)、企业规模(SIZE)、企业性质(STATE)在1%的显著性水平下通过了显著性检验。

接下来具体分析解释变量及控制变量对被解释变量的影响。

(1)企业研发人员投入相关系数为0.053057,与预期一致。这表明研发人员比例越大,战略性新兴产业企业科研创新能力越强,自然创新能力也越高。具体来说,研发人员比每提高一个百分点,创新能力约上升5.3个百分点。符合假设一。

(2)企业高等人力资本投入相关系数为0.143179,这与预期一致。该数据表明企业高等人力资本投入力度越大,越有利于其科研创新能力的提高。也就是说,受过高等人力资本投入的人员比每提高一个百分点,创新能力约上升14.3个百分点。符合假设二。

(3)企业资产负债率的相关系数为-0.135808,与预期一致。该数据表明企业的资产负债率抑制其科研创新能力。也就是说,资产负债率每提高一个百分点,创新能力约下降13.6个百分点。

(4)企业规模的相关系数为0.011524,与预期相反。

(5)企业性质的相关系数为-0.024066,与预期一致。

通过Eviews进行多元线性回归分析,最终得出人力资本投入对企业创新能力影响模型的回归设计:

$$E=-0.034239+0.053057RDP+0.143179EDU_1-0.135808LEV+$$
$$0.011524SIZE-0.024066STATE$$

四、加大人力资本投入,提升创新能力

本章研究人力资本投入与战略性新兴产业企业创新能力之间的关系,根据理论分析基础提出符合本研究的假设,并进行变量设定和模型设计,通过描述性统计、相关性检验、多元线性回归分析得到最终的回归结果。结果表明,研发人员投入(RDP)、高等人力资本投入(EDU$_1$)、中等人力资本投入(EDU$_2$)与战略性新兴产业企业创新能力确实有一定的相关性,且表现为正相

关关系,而低等人力资本投入(EDU$_3$)与战略性新兴产业企业创新能力成负相关。具体说明如下。

第一,战略性新兴产业企业研发人员投入对其创新能力有显著的正向溢出效应,即企业对研发人员的资金投入对自身创新能力提高有积极作用。如果企业不注重对研发人员的开发,则会严重影响科研创新,从而导致创新能力降低。这个结论表明,虽然企业研发活动投入具有高投入、高风险的特点,但企业若想在当前市场竞争激烈的环境下取得长久地生存,必须投入足够资金预算进行研发人员的开发,鼓励和支持科研创新活动。

第二,战略性新兴产业企业教育结构的优化有利于其创新能力提高。所以,企业应该转变高等教育科研对企业无用的认识,认识到高等教育投入对企业产生的重要作用。从人力资本结构角度看中、高等教育人员比例越大,越利于企业研发活动的进行,企业创新能力自然随之提高,但从另一方面来说,过高比例的中、高等教育人员必然会增加企业用工成本费用,尤其高等教育人员的比例增长对企业用工成本费用增加的影响较大。正是考虑到成本,很大一部分中小企业的人力资本积累中,受过高等教育人员比例相当小,甚至为零,这对企业而言无疑是得不偿失的,虽然节约了一部分成本,但从长远来看,损失的却可能是科研创新带来的巨大收益。战略新兴产业是新近发展起来的,行业内上市公司都只有近几年的年报,还有大批未上市的公司,大部分属于才发展起来的民营企业,公司规模不算大。因此企业要想取得长久而稳定的发展,必须通过创新,必须为创新活动投入。企业就需要优化人力资本结构,根据自身具体情况提高人力资本中受过高等教育人员的比例,即资金充足、规模足够大的企业可以适当增加受过高等教育人员,而暂时资金匮乏、规模小的公司可以稍微提升受过中、高等教育人员比例,等到公司发展到一定规模再扩大这一比例。

第三,我国战略性新兴产业企业资本结构、规模和企业性质在一定程度上影响了其创新能力。资产负债率上升到一定程度不利于企业创新能力的提高,大部分规模还不够大的民营企业需要靠贷款融资等金融活动维持企业的正常运营及扩大发展。通过资本结构的财务数据可以看出企业用于科研创新的资金受到限制,因此资产负债率应维持在一定比例不能过高,政府等国家机构应该加大对战略性新兴产业的资金支持。同样企业规模当然影响企业的创新能力,规模大的企业各方面发展都成熟,用于科研创新的资金等条件都满足,因此科研活动也较多。至于企业性质,研究结果表明,民营企业较国有企业的创新能力高,前者竞争意识更强,这种压力更利于企业创新。所以,为了企业长久稳定发展,在国企改革方面,有待进一步实施战略措施。

第四,企业应该重视员工在职培训。学校教育固然是培养人才的重要途径之一,但在当前应试教育的环境中,学校教育更多关注的是人才的理论知识,缺乏深层次的实践教育。即使高学历的毕业生,就业后对公司的实践部分仍然需要一个慢慢熟练的过程。更何况,在当前互联网时代,稍不学习就会落于人后,所以即使是拥有过硬理论知识的高才生,仍需要不断学习新技能。因此,学校教育并不是教育的全部,它只是一个引导的开始,加上实践才能培养社会需要的全能型人才。那么,企业为了发展,应该把企业教育培训看作是学校教育的延续,使得员工能将理论知识与基础技能在实践中通过各种途径不断地学习掌握,这样才能培养更有利于企业发展的人才。

第五,提高员工教育水平,加大创新人才培养力度。从实证研究的结果来看,员工的教育水平对提高企业创新能力有显著的积极影响。企业提高员工教育水平首先要通过招收优秀高素质的员工以及强化后续的企业教育投资及教育培训。其次,要建立完善有效的人才培养机制,为企业创新创造好的氛围,鼓励培养员工的创新意识。再者,可从高校引进并培养具有创新性的人才,包括毕业生以及在职教授等,为企业的科研创新储备力量。最后,企业可以大胆尝试与高校建立合作机制,通过资金投入外聘高校科研人才加入企业的科研创新,这样的合作机制可以为企业未来的发展培养一支创新型骨干力量。对于企业教育投资来说,通过正规高等学校教育、正规成人教育或企业教育培训的方式,可以使企业员工素质、能力和水平有所提高并最终增加劳动产出。人力资本教育投资直接提高了企业员工素质和企业竞争力等,从而提高企业的创新能力。

第六,建立合理有效的人才应用机制。所谓有效的人才应用机制即指在拥有创新型人才的前提下必须能将其创新才能充分发挥出来。可以从三个方面着手:一是请专家为员工进行日常培训,传授学习经验知识并提高个人和组织的学习能力。二是保持信息网络的畅通性,由专门的人员搜集最前沿的企业创新知识,并将其迅速在企业内部传播开来,便于员工寻找创新点子。三是建立企业部门内部的学习系统,保障内部员工之间能够有序地进行知识和信息的传播和学习,有效实现跨部门学习与合作,提高整体创新能力和科研成果转化能力。

第七章　股权激励与创新能力

　　股权激励是指将公司的一部分股权当作管理者收入的一部分授予公司管理者,这就使得管理者的工资收入与企业绩效、公司的股票价格三者紧密联系在一起。因此,企业管理者为了个人收入的增加,就必须努力工作。合理投资,提高公司绩效,使股价上涨,个人就能从股价波动中获取利益。从这个方面来说,股权激励具有激励管理者努力工作、约束管理者过度投资的作用。但随着股权激励比例的增加,管理者拥有的权利也随之增加,股权激励对企业管理者的约束力量变弱,管理者就可能利用自身权利来操控公司股价,进行内部交易,这会使公司蒙受巨大损失,因此,股权激励比例过大可能会使公司的业绩下降。因此,企业应该选择适当的股权激励比例。

一、股权激励的作用和方式

(一) 股权激励的作用

1.激励性

　　股权激励作为对管理层人员进行中长期激励的手段,最大的特点就是以股权的形式给予管理层一定的经济权利,让他们参与企业重大决策,与股东共担风险、共享利润,从而使他们有共同的价值取向。股权激励真正建立起了管理层与企业的纽带关系,使管理层把企业的发展与自身的利益真正结合起来,减少了公司的代理成本,增强了企业的激励强度,从而提升企业绩效。

2.约束性

股权激励对管理层的约束作用体现在两个方面。第一，管理层在作出重大投资决策上，不会因自身利益的驱使而作出对企业发展不利的过度投资行为，或者为了保全职位而不敢投资，造成投资不足。第二，股权激励的实施将企业业绩与管理者收入捆绑在一起。企业管理者只有先提高企业绩效，才能获得更高的收入，而企业绩效的提升是一个长期过程，因而股权激励的实施有效约束了管理层的短视行为。

3.实施结果的不确定性

作为一种中长期激励方式，合理的股权激励方案能改善企业内部治理结构，提高管理层工作效率，提升企业绩效。股权激励的实施从某些意义上说，可以充分调动公司管理者的积极性，使其在考虑自身的利益的同时，也能从公司实际角度出发，合理投资，实现公司价值的最大化。但是，股权的集中也可能导致管理层不顾公司的长期利益而发生"短期行为"，这些都严重影响企业发展，因此，也会产生股权激励效果不好的情况。

（二）股权激励的方式

股权激励分为八类方式，每一类方式有其特殊性，每个地区都应该根据各地区的经济、政治环境以及公司的具体情况采取不同的股权激励方式。

下面对这几种股权激励方式具体情况进行对比描述，结果如表7-1所示。

表7-1　八种股权激励方式对比

激励方式	享有权利	持有风险	激励程度	适合范围	优点	缺点
股票期权	增值收益权、贴息权	较小	较高	需要资本增值快的公司	紧密结合管理者与企业利益	激励效果不明显
股票增值权	增值收益权、贴息权	较小	较高	现金流充裕、股价稳定的公司	偏重长期激励，且操作简单	容易人为操纵股价
限制性股票	增值收益权、贴息权	较小	较高	业绩较差的上市公司	长期激励效果好	被授予人压力大

续表

激励方式	享有权利	持有风险	激励程度	适合范围	优点	缺点
虚拟股票	增值收益权、贴息权	较小	相对较低	现金流充裕的公司	避免了投机行为	股价计算复杂，现金流压力大
业绩股票	增值收益权、贴息权	较小	较高	现金流充裕，业绩稳定的上市公司	具有很强的约束力，且激励效果明显	很难操作，激励成本也较高
员工持股计划	差额收益权、贴息权	较小	相对较低	高科技公司	能缓解资金紧缺	激励有效性很低
经营者持股	差额收益权、贴息权	有一定风险	相对较低	非上市企业，剥离业务的集体企业	长期激励效果好	激励成本大，稀释股份
延期支付	差额收益权	有一定风险	较高	业绩稳定的上市公司	很强的操作性，激励效果明显	高管持股数量少，激励力量弱

从表7-1可以看出，不同的股权激励方式有其不同特点，如股票期权激励模式虽然能给企业增加资本金，但管理层只享受权利而不承担义务；限制性股票激励模式能享受权利，但也要承担义务，管理层只有达到行权条件才能行权，这对管理者起着积极的调动作用，但如果行权条件与现实差距太大，行权就没有实际意义，此时激励效果不好。因此，每个公司应该根据自身特点，选择适合的股权激励方式扬长避短，充分调动公司员工的积极性，更好地增加公司绩效。

二、股权激励代表性理论

在研究股权激励理论之前，我们先来了解一下"理性经济人"假设，因为股权激励正是在这个理论基础上展开的。

"理性经济人"假设是指经济决策的主体都是理性和充满智慧的。在经济活动中,"理性经济人"都追求自身利益最大化。古典经济学在研究经济活动时,把研究主体都看作是理性的,他们可以最大限度追求自身利益最大化。"理性经济人"假设完整性可以从三个方面来体现:第一,自利假设,"理性经济人"都是从自身角度出发,追求自身利益最大化。人们有着增加自身利益的愿望和行动,并在此过程中有着利己主义的显著特点。第二,理性假设,即人们在做决定时是理性的,在任何情况下,他们都能对相关成本进行识别并作出最有利于自己的决策。第三,方法论的个人主义,即个人追求自身利益最大化的结果是社会整体公共利益增加。

上市公司股权激励措施的实施主体主要是管理层,管理层群体很大程度上符合"理性经济人"假设,股权激励正是在这个基础上展开的。"理性经济人"的本能就是追求自身利益最大化,股权激励的实施将管理层与企业股东很多方面的利益都趋于一致,从而管理层从本能上努力工作,提高企业绩效,股权激励效果好;但管理层追求自身利益最大化的本能也可能促使他不顾与股东的利益矛盾,做一些有损股东利益的行为,此时,股权激励效果不好。

从"理性经济人"理论考虑,一个企业实施股权激励效果的好坏与企业管理层和股东利益是否一致密切相关,因为"理性经济人"本能从自身利益出发。

从"理性经济人"假设理论出发引申出研究问题,即股权激励作为解决代理问题的一个方案,是否对企业绩效产生影响,以及如何进行影响。目前,学术界在管理层股权激励的问题上,有不同的相关理论,并且得出了截然不同的结论,本书分两类进行简单介绍。

(一) 股权激励与企业业绩相关

1.代理理论

现代企业制度导致的两权即企业所有权和控制权的分离引发了一个新问题——代理问题。代理问题是现代企业的本质问题。

两权分离是指公司的所有者不直接管理企业,而是委托有能力的职业经理人代替他们管理,以实现企业价值最大化。在理想状况下,企业所有者对经理人的行为了如指掌,并能切实可行监督,那么股东和经理人之间信息就是对称的,建立的契约也就是完备的,就不存在股东和经理人之间的利益冲突——代理问题。但实际情况并非如此,这种理想状况很难实现。当两权分离时,公司所有者与管理者的目标利益不一致,两者之间存在利益冲突。

代理理论认为,现代企业制度两权分离导致股东与经理人双方不能随时了解彼此的情况,双方信息不对称。同时,双方对企业风险和责任所持的态度不同,经理人往往把重点放在短期可以使利润增长的项目,而很少把精力放在期限长却利于股东利益最大化的项目,滥用职权为自己谋取利益,这种行为将损害企业的长期利益,使得股东利益受损,不利于企业长期发展。

代理理论提出管理层持股,就是授予管理层一部分股权,使管理层持有企业股份,成为企业的股东,这样管理层就拥有剩余索取权。在一定程度上,这种激励机制能降低由于管理层与股东之间信息不对称和不完全契约造成的管理道德水平低下、管理者"短期行为"等引发的代理成本问题,有利于企业的长期发展。

2. 激励理论

激励理论认为,人的需要是产生动机的根源,人从自身需要出发制定目标,并从内心激发和强化自身行为。这种观点的理论基础是行为科学。

从激励理论出发,股权激励的实施能从内心激起和强化管理层的行为,使得管理层更加努力工作,提高企业绩效。

3. 壕沟防御效应

"壕沟防御效应"是指当管理者的股权集中到一定程度时,大股东就有能力侵占小股东的利益,从而使企业代理成本增加,不利于公司业绩提高。孟祥霞对大股东持股与企业绩效关系的研究,证明在股权更为集中的上市公司中,"壕沟防御效应"更为显著[①]。张小舟的研究表明,当经理层持股比例偏低时,

---

① 参见孟祥霞:《大股东控制:利益协同效应还是壕沟防御效应——基于中国上市公司的实证分析》,《经济理论与经济管理》2008 第 3 期。

"壕沟防御效应"大于"利益协同效应",此时实施股权激励制度对企业绩效产生负效应①。这些研究都表明,"壕沟防御效应"在我国不够完善的资本市场是存在的。

我国很多上市公司的股权都比较集中,"壕沟防御效应"普遍存在,此效应会导致大股东与管理层合谋,对上市公司"掏空",导致公司业绩下降,严重影响小股东和员工利益。在这种情况下,股权激励措施对管理层的激励效果不好。从这个角度出发,股权集中的企业实施股权激励不仅不利于公司业绩提升,反而会降低公司业绩。

(二) 股权激励与企业业绩无关

1. 超产权理论

公司治理机制和竞争理论为超产权理论提供了理论研究基础。超产权理论认为,面对激烈的市场竞争,企业只有通过改善自身治理机制,提高企业的经营效率才能在优胜劣汰中获得生存发展。从这个角度出发,可知产权对于一个企业的价值来说,并不是至关重要的。不管所有者是谁,只有竞争才能从根本上刺激经营者努力工作和增加投入,提高经营绩效。因而管理层持股与企业的价值并无必然的联系。

2. 管理层寻租理论

该理论从全新视角对委托代理理论进行了分析。从管理层权力出发,认为薪酬激励不是有效解决代理问题的方法,因为股权激励会使管理层权力过度膨胀,而过度膨胀的权力会使得他们受外界的影响变弱。因此,股权激励只能带来代理问题的另外一个负面结果,那就是管理层寻租。该理论认为,赋予管理层类似于所有者的权力,只会增加对管理层的监管难度,股权激励计划往往不能达到最佳激励的目的,反而会使其牟取租金,从而损害股东利益。总的来说,管理层寻租理论认为股权激励会造成管理层利用手中权力寻租,加剧委托代理问题。

---

① 参见张小舟:《管理层持股比例对股权激励制度效应的影响研究》,《中国证券期货》2012年第8期。

3. 内部人控制论

该理论认为两权分离后,企业管理者对企业的投资决策、筹资决策、人事任命等的掌控,都直接导致企业管理者真正控制了公司决策。由于权力主要集中在管理层,一旦企业管理者与股东之间存在利益冲突,企业所有者的利益将会受到不同程度的损害。

我国上市公司普遍存在董事长和总经理由一人兼任的情况,起不到互相监督的作用。这种治理结构使得公司内部人控制现象严重,股东与经理层一旦利益不一致,经理人就可以利用自身信息优势以及权力来为自己谋取利益。且在职消费现象严重,有的管理层考虑到职业晋升因素而要求提前确定收入,这些都使得股权激励对管理层起不到激励作用。尤其当大股东为了自身利益与经理层合谋时,公司的盈利目标不再是从全部股东的利益出发,而主要是考虑大股东利益,这样其他股东利益就会受损。这种情况下,股权激励也无法有效实施。

内部人控制论表明了股权激励的实施效果与公司的治理环境息息相关。只有企业治理环境良好,股权激励才能有效实施。从这个角度看,股权激励实施效果跟公司绩效并没有直接关联。

三、股权激励效应的传导机理

现代企业制度的最大特点就是两权分离,所以作为企业的所有者,必须建立一个合理的契约,规范管理者的经营活动,使管理者能向企业价值最大化目标前进。但是根据"经济人假设"理论,管理者与公司股东的目标利益并不总是一致,因此,公司股东必须设计出一个既能促进管理者自身利益最大化又能实现公司价值最大化的巧妙契约。

委托代理问题的解决有两条途径,一是通过企业的内部治理机制,二是通过企业外部竞争性市场约束机制。我国资本市场还不够成熟,外部竞争机制很难解决委托代理问题,只能通过企业内部良好的治理机制来解决。一套高效的内部治理机制能有效降低管理者的道德风险,促进企业快速发展。对公司经营者的激励行为有很多,而传统的工资+绩效的激励机制不能有效促进公司的长期发展,反而,会导致其行为短期化。

与传统激励机制不同,股权激励是长期激励机制,科学合理的股权激励方案能促使管理者更加注重企业的长期发展。从激励理论来看,股权激励使管理层获得了公司价值的剩余索取权,这种权利就是对管理者工作价值的一种肯定。以下是股权激励效应的传导机制图。

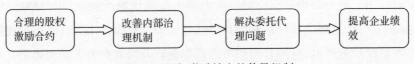

图 7-1　股权激励效应的传导机制

具体而言,企业管理者在接受股权激励合约后,其任职前后公司绩效的变化就决定了其大部分收益。如果公司股价上涨,管理者可以通过行权获得股票波动的价差,从中取得收益;如果公司股价下跌则无法给公司管理者带来收益,管理层就必须利用一切资源,权衡各种投资方案,提高企业绩效。即使企业面临巨大风险,管理者也会努力工作,尽可能降低风险。总之,管理层受到股权激励合约的诱导能从公司长期发展出发,努力追求公司绩效的增加。

四、股权激励影响创新能力的实证分析

(一) 描述性统计

近年来越来越多战略性新兴产业上市公司采用股权激励,下面就我国上市公司股权激励的相关情况作一些简单的描述性统计。

1. 上市公司股权激励现状

(1)上市公司股权激励方案。随着股改的结束,我国股权激励实施有了更好的政策环境,避免了很多尴尬。因此,近年来上市公司纷纷采取股权激励措施。以下是各年度深沪两市上市公司首次公布的股权激励方案情况。

表 7-2　2006—2013 年度上市公司首次公布的股权激励方案情况

年份	2006	2007	2008	2009	2010	2011	2012	2013
首次发布预案公司数量	43	13	60	18	70	100	118	153
通过预案的公司数量	22	13	32	10	44	90	97	139
股票期权	31	13	47	11	53	66	71	83
限制性股票	10	—	12	6	14	25	43	68

资料来源:根据战略性新兴产业上市公司 2006—2013 年年报数据整理,年报见万得数据库 http://www.wind.com.cn,上海证券交易所官网 http://www.sse.com.cn,深圳证券交易所官网 http://www.szse.cn。

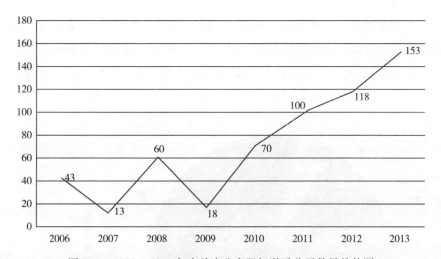

图 7-2　2006—2013 年度首次公布股权激励公司数量趋势图

资料来源:根据战略性新兴产业上市公司 2006—2013 年年报数据整理,年报见万得数据库 http://www.wind.com.cn,上海证券交易所官网 http://www.sse.com.cn,深圳证券交易所官网 http://www.szse.cn。

根据万得数据库(Wind)数据统计,截至 2013 年,发布股权激励预案的上市公司有 567 家。由表 7-2、图 7-2 和数据可见,2009 年之前公布实施股权激励预案的公司数不稳定,2009 年受金融危机的影响数量明显下降。

2007 年发布股权激励预案的公司有 13 家,较 2006 年减少了 30 家,原因是股票大涨,企业实施股权激励成本太高,减缓了实施进程。受金融危机影响,2009 年发布股权激励预案的上市公司比 2008 年少了 40 多家。

2009 年之后，发布股权激励预案的公司呈直线上升趋势，2010 年发布预案的公司有 70 家，2011 年 100 家，2012 年 118 家，2013 年 153 家。年均增长幅度超过 34%。这种发展趋势足以证明股权激励越来越受到重视。同时我们也可以看到大部分公司采用股票期权、限制性股票这两类激励方式。

同时可以看出，因为市场股价阶段性大幅下跌或者其他原因而停止实施股权激励的上市公司也很多。通过预案的公司较发布预案的少了很多，截至 2013 年，通过预案的上市公司有 447 家，与发布预案的上市公司相比少了 123 家。另外，部分股权激励上市公司发布的预案行权价格较市场价格严重偏高，持有者一旦行权，公司就会立刻面临严重亏损。这种股权激励措施就失去了意义。

（2）上市公司股权激励有效期分布。股权激励有效期的长短对激励对象而言有着不同意义。有效期过短，激励对象只关注短期效果，或者通过控制内部交易达到看似改善公司绩效的效果而行权，不利于公司长期发展。激励时间过长，很多不确定因素可能导致激励对象无法行权，或者失去激励的兴趣等。有效期过长或过短对股权激励实施效果都无利。

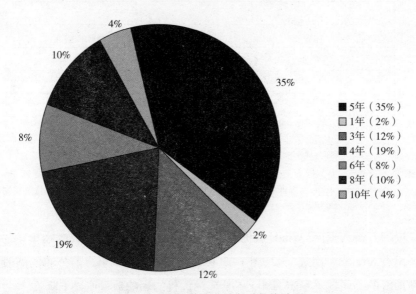

图 7-3　股权激励有效期时长统计图

资料来源：根据战略性新兴产业上市公司 2006—2013 年年报数据整理，年报见万得数据库 http://www.wind.com.cn，上海证券交易所官网 http://www.sse.com.cn，深圳证券交易所官网 http://www.szse.cn。

根据 Wind 统计数据发现,目前我国股权激励期限主要集中在 4—5 年,股权激励有效期间为 5 年的占 35%,有效期 4 年的占 19%。1 年的公司只有 1 家,较长有效期的公司也较少,10 年的公司占 4%,8 年的占 10%。

国外上市公司股权激励有效期大部分都为 10 年左右,这与国外资本市场较完善和股权激励发展得早有密切关系,随着我国资本市场逐步完善,我国上市公司股权激励有效期也应延长。

(3)上市公司股权激励方案行权方式。根据万得(Wind)数据统计发现,目前我国上市公司股权激励方式采用最多的是"授予期权,行权股票来源为上市公司定向发行股票",采取这种行权方式的公司占 65%。采取"上市公司提取激励基金买入流通 A 股"模式的公司最少,只占 6%。

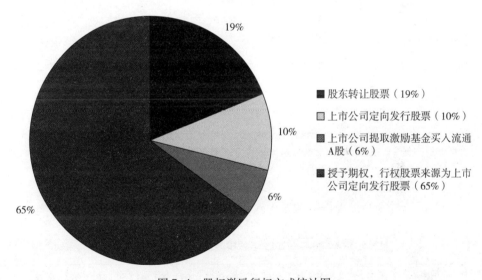

图 7-4　股权激励行权方式统计图

资料来源:根据战略性新兴产业上市公司 2006—2013 年年报数据整理,年报见万得数据库 http://www.wind.com.cn,上海证券交易所官网 http://www.sse.com.cn,深圳证券交易所官网 http://www.szse.cn。

上市公司定向发行股票这种行权方式所占的比例也较少,占 10%。公司采用这种行权方式,优势在于可以增加公司总资产,在一定程度上改善公司的财务状况,且能将公司管理层与股东的利益捆绑在一起,使其利益趋于一致。从这个方面来说,公司定向发行股票方式,能改善公司业绩。另一方面,公司定向发行股票,减少了股东利益,股东利益被摊薄。

(4)实施股权激励政策的上市公司总资产规模。从表 7-3 可以看出,在实施股权激励政策的上市公司中,总资产在 1 亿—50 亿元的小公司比较多,有 250 家,所占比例为 76.45%;其次是总资产在 50 亿—100 亿元的上市公司,所占比例为 11.93%。而总资产较大的大公司实施股权激励比较少,总资产超过 100 亿元的上市公司共有 38 家实施了股权激励,所占比例 11.62%。这说明,总资产较少的上市公司更具有灵活性,更能推行股权激励实施。

表 7-3　不同资产规模区间的上市公司数量及比例

上市公司总资产(亿元)	上市公司数量	所占比例
1—50	250	76.45%
50—100	39	11.93%
100—150	8	2.45%
150 以上	30	9.17%
合计	327	100%

数据来源:根据战略性新兴产业上市公司 2013 年年报数据整理,年报见上海证券交易所官网 http://www.sse.com.cn,深圳证券交易所官网 http://www.szse.cn。

2.战略性新兴产业股权激励模式

表 7-4　2007—2013 年股权激励模式分类统计表

模式		2007 年	2008 年	2009 年	2010 年	2011 年	2012 年	2013 年	合计
限制性股票	样本数	0	3	3	9	9	10	4	38
	占比	0	13.0%	37.5%	37.5%	19.1%	33.3%	21.0%	24.4%
股票期权	样本数	4	20	5	14	35	12	13	103
	占比	80.0%	87.0%	62.5%	58.3%	74.5%	40.0%	68.4%	66%
限制性股票+股票期权	样本数	0	0	0	1	2	7	2	12
	占比	0	0	0	4.2%	4.3%	23.3%	10.6%	7.6%

续表

模式		2007 年	2008 年	2009 年	2010 年	2011 年	2012 年	2013 年	合计
管理层持股	样本数	1	0	0	0	0	0	0	1
	占比	20%	0	0	0	0	0	0	0.6%
股票增值权	样本数	0	0	0	0	1	1	0	2
	占比	0	0	0	0	2.1%	3.4%	0	1.2%
合计	样本数	5	23	8	24	47	30	19	156
	占比	100%	100%	100%	100%	100%	100%	100%	100%

资料来源:根据战略性新兴产业上市公司 2006—2013 年年报数据整理,年报见万得数据库 http://www.wind.com.cn,上海证券交易所官网 http://www.sse.com.cn,深圳证券交易所官网 http://www.szse.cn。

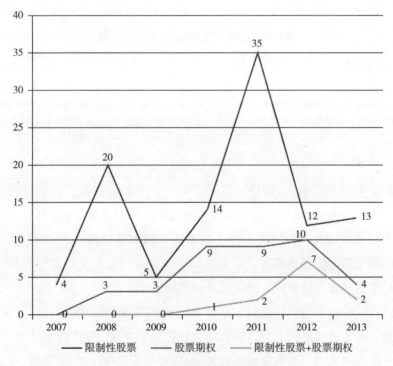

图 7-5 股权激励模式趋势图

资料来源:根据战略性新兴产业上市公司 2006—2013 年年报数据整理,年报见万得数据库 http://www.wind.com.cn,上海证券交易所官网 http://www.sse.com.cn,深圳证券交易所官网 http://www.szse.cn。

从表7-4可以看出,2009年发布股权激励预案的战略性新兴产业公司为8家,与2008年23家相比,减少了15家,数量与2008年金融危机密切相关。2011年达到47家,比2010年增加了一倍左右。

从公司发布的预案来看,采取股票期权和限制性股票这两种方式的公司较多,采用股票期权方式的公司所占比例高达66%,限制性股权所占比例达24.4%。选用股票期权+限制性股票组合模式的比例为7.6%,选择其他激励模式的公司却很少。这说明我国股权激励模式较单一,缺乏灵活性。

3. 战略性新兴产业股权激励额度

股权激励额度与股权激励效果有着非常大的关系,在此统计2009年至2013年管理层持股比例为区间0%—3%、3%—6%、6%—9%的公司数量如表7-5所示。

表7-5　采用不同激励额度的公司比例

激励额度	0%—3%	3%—6%	6%—9%
公司所占比例	58%	35%	7%

资料来源:根据战略性新兴产业上市公司2006—2013年年报数据整理,年报见万得数据库 http://www.wind.com.cn,上海证券交易所官网 http://www.sse.com.cn,深圳证券交易所官网 http://www.szse.cn。

从表7-5可以看出,激励额度处于0%—3%的公司较多,公司数量占公司总量比例高达58%,而选择高额股权激励的公司占少数,仅占7%。激励额度在3%—6%的公司占比为35%。这表明我国战略性新兴产业中大部分公司都选择了偏低的激励额度。

4. 激励对象行权条件下的业绩评价指标

公司实施股权激励就是为了解决委托代理问题,维护股东利益。如何对股权激励对象进行经营业绩考核和业绩评价是股权激励实际操作中的重要问题。上市公司采用了多种业绩评价指标,这些指标有单一的、双重的、多重的。考察2012年实施股权激励的327家上市公司,统计其指标情况如表7-6、7-7、7-8所示。

表7-6　采用单一业绩评价指标的公司数量

单一评价指标	具体评价指标	上市公司数量	所占考察样本比例
净利润相关指标	净利润(包括扣除非经常性损益后的净利润)	4	1.22%
	净利润增长率(包括复合净利润增长率)	31	9.48%
	扣除非经常性损益后的净利润增长率	16	4.89%
净资产收益率相关指标	净资产收益率	10	3.06%
	加权平均净资产收益率	42	12.84%
其他指标	每股收益	2	0.61%
合计		105	32.11%

选择单一评价指标的105家实施股权激励的上市公司中,有42家公司以加权平均净资产收益率为评价指标,占考察样本的12.84%,所占比例最大;其次是以净利润增长率为业绩评价指标的上市公司有31家,占考察样本的9.48%。较少公司选择以每股收益为单一业绩评价指标,这可能与我国资本市场不够健全有关。

表7-7　采用双重业绩评价指标的公司数量

	净资产收益率相关指标		每股收益相关指标		营业收入增长率
	净资产收益率	加权平均的净资产收益率	每股收益	每股收益增长率	
净利润	10	9			7
净利润增长率	24	68	5	3	18
主营业务利润增长率	7	11			
营业收入增长率	11	13			
利润总额增长率		9			

如表7-7所示,有195家公司选择了双重业绩评价指标。其中68家公司选择净利润增长率与加权平均的净资产收益率两项指标,占考察样本的34.9%,所占比例最大。其次选择净利润增长率和净资产收益率两项指标的上市公司有24家,所占比例12.3%。可以看出,与单一业绩评价指标下净资产相关指标与净利润相关指标采用较多的情况不同,营业收入增长率业绩评价指标也受到了重视。

表7-8　采用多重考核指标的公司数量

	考核指标	上市公司数量	所占比例
多重考核指标体系	加权平均的ROE+主营业务收入增长率+净利润增长率	7	2.14%
	加权平均的ROE+主营业务收入增长率+净利润	7	2.14%
	ROE+研发支出增长率+净利润增长率	3	0.92%
	ROE+每股收益增长率+净利润增长率	4	1.22%
	加权平均的ROE+每股收益增长率+净利润增长率	6	1.83%
合计		27	8.26%

从表7-8看出,样本中有27家上市公司采用多重业绩考核指标,占所有样本公司的8.26%。多重考核指标体系要优于单一和双重业绩考核体系,能较全面反映公司经营者一段时间内的工作成果,能准确体现股权激励政策实施的初衷。但较多的业绩考核,也对考核对象造成了一定的心理压力,公司经营者为了达到考核业绩,可能会发生短期行为。因此,公司在制定业绩考核指标时,要权衡利弊综合考虑制定出适合的指标。

从图7-6可以看出,大部分公司采用双重业绩评价指标来考核公司经营者。这是因为双重业绩考核指标不仅能较全面考察经营者工作成果,同时也不会给公司管理者带来很强的工作压力,从而能更好地达到股权激励实施的效果。

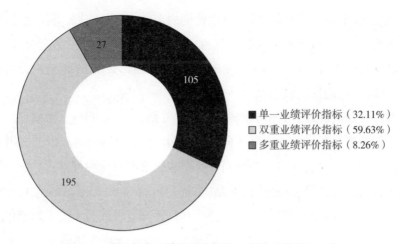

图 7-6　采用各类业绩评价指标的上市公司数量及比例

资料来源:根据万得数据库 http://www.wind.com.cn 和上海证券交易所官网 http://www.sse.com.cn、
　　　深圳证券交易所官网 http://www.szse.cn 披露的战略性新兴产业相关上市公司 2006—2013 年
　　　年报数据整理。

(二) 研究设计

1. 研究假设

随着《我国上市公司股权激励管理办法》出台,股权激励这一中长期激励方案在我国才得以真正实施。近年来,实施股权激励的公司越来越多。很多学者对股权激励与公司绩效关系进行了研究,研究结论不一,有的显示两者之间存在正相关、曲线相关等相关性,有的认为两者之前不存在显著相关性,甚至有的研究结果显示股权激励在我国的"防御效应"要大于"协同效应",股权激励与公司业绩之间负相关。本书专门考察战略性新兴产业公司绩效与股权激励之间的关系。

从委托代理理论、激励理论出发考虑,股权激励的实施能使公司股东与管理者利益趋于一致,促使管理者从自身利益出发,通过提升公司的业绩达到行权条件。由此我们猜想,股权激励能提升公司业绩,由此提出假设一。

假设一:股权激励实施后的公司业绩与实施前的业绩相比有显著提高。

如果假设一成立,那么是不是股权激励额度越高越好,越高的激励额度越能显著提高公司绩效呢? 显然不是,由前文分析可知,股权激励实施可能会导致"壕沟防御效应"和"管理者寻租",同时股权激励有"区间效应",因此猜想,当股权激励额度较小时,随着持股比例的上升,公司业绩显著优化;持股比例持续上升,公司管理者的权利也就随之上升,当比例超过一定范围时,上升的权利使其受外部环境的约束力变弱,从而进行内部交易,结果使得公司遭受亏损。由此,我们提出假设二。

假设二:股权激励与公司业绩呈非线性关系,它们之间有一个拐点。

不同的股权激励方式有其不同特点,适用于不同的公司。由上文可知我国战略性新兴产业公司多采用限制性股票和股票期权这两种方式。股票期权激励模式的实施,能增加公司资本金,缓解公司资金紧张,且管理者只有通过努力工作才可以获得行权价差收入,但同时,管理者可能为了追求股票价格上涨而发生"短期行为"。限制性股票激励模式,需要管理者达到预先设定的业绩和目标,或者达到一定工作年限才能将股票出售,而管理者获得这种股票时不需要支付费用或者只需要支付少量费用。限制性股票激励模式能较好引导高管人员将主要精力放在公司的长期发展上,能有效抑制短期经营行为。由此我们提出假设三。

假设三:限制性股票激励模式的激励效果好于股票期权激励模式。

2. 变量设定

(1)被解释变量。公司业绩,是指在一定时间范围内,公司利用自有资源进行经营管理所取得的业绩以及管理活动的效果、效率。对于公司绩效指标的选取,有的国外公司会选择托宾 Q 值或 EVA 等股票市场指标,这是因为公司所在国有完善的资本市场,严谨的法律制度,有力的证券监管和理性程度很好的投资者,股票市场指标能真实反映公司实际业绩。我国资本市场不够完善,股价波动较大,托宾 Q 值或 EVA 等股票市场指标不适合我国情况。因而,国内一般采用其他财务指标。

基于以上分析,本书采用净资产收益率(ROE)和每股收益(EPS)这两项财务指标作为被解释变量来衡量战略性新兴产业公司的绩效。

净资产收益率(ROE)是长久以来衡量企业绩效的重要指标,其值是公司净利润与公司净资产相除得到的百分数,净资产收益率是上市公司综合能力的体现,能真实反映一个公司的价值。

为防止管理层利用内部交易进行财务报表上的非经常性损益对企业利润

进行调节,选择扣除非经常性损益算法:

$$ROE = \frac{扣除非经常损益后归属母公司股东的净利润}{期末归属母公司股东的权益} \times 100\% \quad (7.1)$$

每股收益是公司的税后利润与公司总股数的比值。EPS 能综合反映公司的盈利能力,是反映股票投资价值的重要指标。该比值越高,代表每单位股份所代表的资产能创造的利润就越多。

每股收益的多少代表了企业的投资价值,这对投资者有重要的指导作用。如果市场认可企业,企业就能以较低的成本进行融资,投资者也能从中获得投资收益,很好地进行企业与市场的互动。每股收益的算法:

$$EPS = \frac{归属母公司股东的净利润}{报告期期末总股本} \quad (7.2)$$

(2)解释变量。关于股权激励,采用上市公司股权激励方案中的股票激励数量占当时总股数的比例作为衡量指标,股权激励比例的算法:

$$HSR = \frac{股权激励方案中股票激励数}{当期公司总股数} \times 100\% \quad (7.3)$$

(3)控制变量。公司绩效受很多因素的影响,为了使结果偏差较小,关于公司绩效影响控制变量的选取,考虑两方面因素:公司规模和资本结构。

公司营业收入与规模成正比,会随着规模增加而增加,而公司的营业成本与规模成反比,规模增加,营业成本降低。因此,公司规模增加,营业收入增加,同时营业成本降低,从而公司经营效率提高,公司绩效提升。同样,资产负债率的高低也会在一定程度上影响公司的经营风险和财务状况,故选取公司规模和资本结构作为控制变量,其中公司规模用总资产的对数来衡量。

公司规模(SIZE)指标反映企业的规模效应对绩效的影响。规模大的公司,在应对各类市场风险,降低企业融资成本,提高企业经营效率这些方面有着一定的规模效应优势。但公司规模过大,层级太多,也阻碍了信息的传达,公司决策效率低下,特别是遇到了突发情况,大规模公司很难快速作出反应。所以,将公司规模作为控制变量纳入模型中,验证股权激励对企业经营绩效的影响是非常有必要的。

$$SIZE = \text{LN}(\text{期末总资产}) \tag{7.4}$$

企业资本结构（DAR）在很大程度上代表企业的风险程度，这里用负债总额与资产总额的比表示，反应该企业采用了多高的借债杠杆筹资。资产负债率显示公司经营者承担的市场风险。为了达到行权条件，公司经营者可能会提高资产负债率，以实现公司快速发展，但高资产负债率预示经营者要承担高市场风险。从企业长期发展来看，资产负债率应保持在较低的状态，同时，经营者也可以通过融资的方式增加公司资本金，从而起到降低资产负债率的作用。

$$DAR = \frac{\text{期末负债总额}}{\text{期末资产总额}} \tag{7.5}$$

变量定义如表 7-9 所示。

表 7-9　变量的名称及定义

变量类型	变量名称	变量代码	变量定义
被解释变量	净资产收益率	ROE	净利润/期末归属母公司股东的权益×100%
	每股收益	EPS	归属母公司股东的净利润/总股数
解释变量	股权激励比例	HSR	股权激励方案中股票激励数/当期公司总股数×100%
控制变量	公司规模	SIZE	期末总资产的对数
	资本结构	DAR	期末负责总额/期末资产总额

（三）实证分析

针对假设二、假设三，建立如下模型：

模型一：$EPS = \beta_0 + \beta_1 \ln HSR + \beta_2 \ln SIZE + \beta_3 \ln DAR + \varepsilon$

模型二：$EPS = \beta_0 + \beta_1 HSR + \beta_2 SIZE + \beta_3 DAR + \varepsilon$

选取 2010 年、2011 年、2012 年、2013 年这四年间实施股权激励的战略性新兴产业公司为样本。剔除 6 家停止实施的样本公司、4 家对结果影响很大的公司样本和 2014 年年报还没公布的公司样本，选取 71 个样本数。其中采取股票期权的公司有 52 家，采取限制性股票期权的公司有 12 家，采取股票期权与限制性股票组合的有 7 家。

　　研究数据主要来源于锐思金融研究数据库、巨潮资讯网、同花顺软件、Wind 资讯。

　　前文已介绍过,企业股权激励的实施效果跟股权激励比例、公司规模、公司资产负债率、公司治理结构等因素有重要联系,特别是股权激励比例。股权激励效果与公司业绩之间的关系具体还要进行实证研究。这里研究分三部分。首先对战略性新兴产业股权激励实施前后公司业绩进行对比,随后将战略性新兴产业按股权激励比例的大小分为两个样本,激励比例处于0%—3%的为样本一,激励比例处于 3% 以上的为样本二,对这两个样本的回归方程进行回归分析。最后,对不同股权激励模式下的激励效果进行对比。

　　首先采用配对样本 T 检验法,对 2010—2013 年实施股权激励的 71 个样本公司,分别超前一年和滞后一年,进行净资产收益率、每股收益的统计性比较。也就是对 2010 年、2011 年、2012 年、2013 年实施股权激励的样本公司,进行股权激励实施前和股权激励实施后的公司绩效的对比。比如,2010 年实施股权激励的公司样本,以 2009 年该公司年报上的净资产收益率和每股收益为样本,以 2010 年该公司年报上的净资产收益率和每股收益为配对样本进行比较,其他年份以此类推,然后再将这些年份整合到一起进行检验,检验结果统计如下。

表 7-10　样本与配对样本 T 检验统计表

		均值	N	标准差	均值的标准误差
净资产收益率	股权激励前	0.1101	71	0.05787	0.00687
	股权激励后	0.1661	71	0.09917	0.01177
每股收益	股权激励前	0.5092	71	0.39213	0.04654
	股权激励后	0.7156	71	0.48153	0.05715

　　从表 7-10 可以看出,股权激励实施后的净资产收益率均值为 0.1661,股权激励实施前的净资产收益率均值为 0.1101;股权激励实施后的每股收

益为 0.7156,股权激励实施前的每股收益为 0.5092。股权实施后两个财务指标都较实施前有所增高,即公司实施股权激励后绩效有所提升。假设一得到验证。

表 7-11 配对样本 T 检验成对样本相关系数表

	N	相关系数	Sig.
股权激励前后净资产收益率相关系数	71	0.232	0.049
股权激励前后每股收益相关系数	71	0.528	0.000

从表 7-11 可以看出,股权激励前后净资产收益率的相关系数为 0.232,对应的 P 值 0.049 小于 0.05,通过检验,说明两者之间有相关性且显著;股权激励前后每股收益的相关系数为 0.528,对应的 P 值为 0.000,也通过检验,说明两者之间有相关性且显著。这是由于数据来自一个公司,只是时间上有差别。

表 7-12 配对样本 T 检验成对样本检验结果

	成对差分			t	Sig.(双侧)
	均值	标准差	均值的标准误差		
股权激励前后净资产收益率	0.05594	0.10259	0.01218	4.594	0.000
股权激励前后每股收益	0.20638	0.38503	0.04569	4.517	0.000

配对样本 T 检验结果表 7-12 显示,股权激励前后净资产收益率的配对成对差分均值为 0.05594,对应的概率 P 值为 0.000,拒绝了原假设,即股权激励前后的净资产收益率差异显著。股权激励前后每股收益的配对差均值为 0.20638,对应的 P 值为 0.000,小于 0.05,拒绝原假设,即股权激励前后公司的每股收益差异显著。

由此可知,股权激励的实施对公司净资产收益率和每股收益的影响都很显著,即股权激励的实施有利于公司业绩上升。

由上文可知,战略性新兴产业公司实施股权激励有利于提高公司业绩,能显著提高公司净资产收益率和每股收益。接下来将以股权激励实施后一年的公司每股收益为被解释变量,以股权激励比例为解释变量,以公司规模和公司资产负债率为控制变量,选取 2010—2013 年四年间实施股权激励的 71 家战略性新兴产业公司为样本,研究股权激励程度与公司绩效之间的关系。

首先,对上文设定的模型一进行描述性统计分析。分析结果见表 7-13。

表 7-13　模型一描述性统计量

	样本数	均值	标准偏差
每股收益	71	0.1661	0.09917
激励比例	71	2.9341	1.90151
公司规模	71	5.7050	1.75935
资本结构	71	0.3071	0.18712

由表 7-13 可知,战略性新兴产业管理层持股比例均值为 2.3341,激励比例偏低,标准偏差为 1.90151,数值较大,说明股权激励比例差异较大,且大部分公司的激励比例都较低。

为了防止多重共线性、自相关、序列不相关而引起"伪回归",回归模型选 $LNHSR = LN(HSR)$ 为解释变量,$LNSIZE = LN(SIZE)$、$LNDAR = LN(DAR)$ 作为控制变量,每股收益为被解释变量,对回归方程进行回归结果如表 7-14 所示。

表 7-14　模型一方差分析表

模型	平方和	均方	F	Sig.
回归	5.194	1.731	2.431	0.025
残差	45.833	0.684		

从表 7-14 可以看出,模型一 F 值为 2.431,对应的 P 值为 0.025,小于 0.05,能通过 F 检验,说明回归方程能较好拟合,回归方程高度显著。

通过 SPSS 计量软件对模型一进行线性回归,回归结果如表 7-15 所示。

表 7-15　模型一回归系数显著性检验

解释变量	系数	T 检验	
		T 值	P 值
常数项	-1.786	-5.240	0.000
激励比例取对数	0.354	2.161	0.034
公司规模取对数	0.246	2.107	0.039
资本结构取对数	-0.200	-1.322	0.049

从表 7-15 得出,公司股权激励比例与每股收益相关系数为 0.354,对应的 P 值为 0.000,显著相关;公司规模与每股收益在 0.039 水平上显著相关,相关系数为 0.246;公司资本结构与每股收益成负相关,相关系数为 -0.200,对应的 P 值为 0.049,成不显著负相关。

通过线性回归得出回归方程:

$$EPS = -1.786 + 0.354 \ln HSR + 0.246 \ln SIZE - 0.2 \ln DAR + \varepsilon$$

由方程可知,战略性新兴产业公司股权激励与公司绩效间呈非线性相关关系,假设二得到验证。

接下来,考察此非线性关系中具体各个区域的相关情况,将样本公司按照持股比例的大小分为两个样本。样本一持股比例 0%—3%,有样本 41 个,占整个样本比例 57.8%,样本二持股比例大于 3%,有样本 30 个,占整个样本比例 42.2%。根据模型二 $EPS = \beta_0 + \beta_1 HSR + \beta_2 SIZE + \beta_3 DAR + \varepsilon$,分别对这两种样本公司进行回归分析。分析结果见表 7-16。

表 7-16　模型二变量值汇总表

	样本一(HSR<3%)		样本二(HSR>3%)	
模型二	R_2	DW 值	R_2	DW 值
	0.084	1.995	0.413	2.178

从汇总表可以看出,样本一的判定系数为 0.084,样本二的判定系数为 0.413,两个样本回归模型拟合的效果都很好。样本一的 DW 值为 1.995,样

本二的 DW 值为 2.178,两个样本的 DW 值都在 2 附近,说明模型二不存在序列自相关。

表 7-17 模型二方差分析表

	样本一(HSR<3%)				样本二(HSR>3%)			
	平方和	均方	F	Sig.	平方和	均方	F	Sig.
回归	0.560	0.187	5.472	0.004	0.249	0.086	1.531	0.032
残差	0.754	0.031			2.384	0.047		
总计	1.314				2.633			

从表 7-17 中可知,样本一中的 F 值为 5.472,样本二中的 F 值为 1.531,前者大于后者,说明持股比例小于 3% 时所得出的回归方程显著性较高。且样本一、样本二回归所对应的 P 值都小于 0.05,都通过显著性检验。

表 7-18 模型二回归系数汇总表

模型二	样本一(HSR<3%)		样本二(HSR>3%)	
	系数	Sig.	系数	Sig.
常数项	−0.321	0.037	−2.563	0.543
激励比例	0.076	0.046	−0.025	0.068
公司规模	0.037	0.102	0.574	0.731
资本结构	−0.174	0.043	−0.558	0.213

从表 7-18 可以看出,样本一每股收益与资本结构相关系数为 −0.174,样本二每股收益与资本结构相关系数为 −0.558。在两个样本中,每股收益与公司资本结构的回归系数都是负数,每股收益都与公司资本结构成反比,且样本一每股收益与资本结构相关系数对应的 P 值小于 0.05,两者之间成显著反比。

样本一中每股收益与公司规模回归系数为 0.037,样本二中每股收益与公司规模回归系数为 0.574,在两个样本中,每股收益与公司规模都成正相关。但两个样本中每股收益与公司规模回归系数所对应的 P 值都大于 0.05,这说明公司每股收益与公司规模成不显著的正相关。

在样本一中,激励比例与每股收益的回归系数为 0.076,对应的 P 值为 0.046,成显著正相关;在样本二中,激励比例与每股收益的回归系数为-0.025,对应的 P 值 0.068 大于 0.05,两者之间成不显著的负相关关系。

由此,我们验证了假设二,股权激励效果与企业绩效之间有一个拐点。当股权激励比例小于 3% 时,企业绩效随着股权激励比例的增加而显著增加;当股权激励比例大于 3% 时,企业绩效随着股权激励比例的增加而不显著的下降。

通过回归我们得出样本一的回归方程:

$$EPS=-0.321+0.076HSR+0.037SIZE-0.174DAR+\varepsilon$$

通过回归我们得出样本二的回归方程:

$$EPS=-2.563-0.025HSR+0.574SIZE-0.558DAR+\varepsilon$$

由上文可知,战略性新兴产业公司股权激励比例小于 3% 时,每股收益与激励比例成正相关并且显著性很高。因此,接下来选取 2010 年至 2013 年实施股权激励比例小于 3% 的样本进行分析。其中实施股票期权的公司有 32 家,实施限制性股票模式有 7 家,还有 2 家公司采用混合激励模式。

检验回归方程 $EPS=\beta_0+\beta_1 HSR+\beta_2 SIZE+\beta_3 DAR+\varepsilon$ 的显著性,结果如表 7-19 所示。

表 7-19　不同股权激励模型拟合度

模型二	股票期权			限制性股票期权		
	R	R_2	DW	R	R_2	DW
	0.657	0.472	2.175	0.897	0.94	2.213

从表 7-19 可以看出,两种激励方式的相关系数分别为 0.657、0.897,决定系数分别为 0.472、0.94,回归拟合度都很好,限制性股权期权模式的拟合优度较股票期权模式更好。DW 值都处于 2 附近,两者都通过了检验,模型不存在自相关。

表7-20　不同激励模式方差分析表

	股票期权激励模式				限制性股票激励模式			
	平方和	均方	F	Sig.	平方和	均方	F	Sig.
回归	0.469	0.147	4.976	0.018	0.135	0.038	4.325	0.335
残差	0.548	0.035			0.012	0.011		
总计	1.017				0.147			

从表7-20看出,限制性股票激励模式下回归的拟合度较股票期权模式高,但从表7-20可以看出,股票期权激励模式下的F值为4.976,比限制性股票激励模式下的F值4.325大,且通过了显著性检验,这表明股票期权激励模式下回归方程的显著性更高。

表7-21　不同激励模式相关系数汇总表

		股票期权激励模式				限制性股票激励模式			
		每股收益	激励比例	公司规模	资产负债率	每股收益	激励比例	公司规模	资产负债率
每股收益	Pearson相关性	1	0.137	0.634	0.321	1	0.786	-0.003	0.152
	显著性(双侧)		0.564	0.003	0.162		0.044	0.901	0.896
激励比例	Pearson相关性	0.137	1	-0.106	-0.179	0.786	1	-0.321	-0.187
	显著性(双侧)	0.564		0.637	0.389	0.044		0.645	0.778
公司规模	Pearson相关性	0.634	-0.109	1	0.674	-0.004	-0.321	1	0.975
	显著性(双侧)	0.003	0.548		0.004	0.976	0.645		0.004

		股票期权激励模式				限制性股票激励模式			
		每股收益	激励比例	公司规模	资产负债率	每股收益	激励比例	公司规模	资产负债率
资本结构	Pearson 相关性	0.321	-0.179	0.674	1	0.152	-0.187	0.975	1
	显著性(双侧)	0.162	0.389	0.004		0.896	0.778	0.004	
样本数		32	32	32	32	7	7	7	7

从表 7-21 可以看出，股票期权激励模式和限制性股票激励模式下每股收益与股权激励比例之间的相关系数不同。在股票期权模式下，每股收益与激励比例之间的相关系数为 0.137，说明两者之间成正相关，而显著性 0.564 大于 0.05，说明两者之间的正相关不显著。在限制性股票激励模式下，每股收益与激励比例间的相关系数为 0.786，两者之间也成正相关关系，显著性 0.004 小于 0.05，说明两者成显著正相关，且相关性大于股票期权激励模式，假设三成立。

表 7-22 不同激励模式回归系数表

	股票期权			限制性股票		
	B	标准误差	Sig.	B	标准误差	Sig.
常数项	-2.145	0.411	0.005	1.321	3.244	0.431
激励比例	0.032	0.045	0.012	0.128	0.078	0.048
公司规模	0.271	0.047	0.003	0.211	0.245	0.277
资本结构	-0.231	0.133	0.231	1.342	2.136	0.470

对不同激励模式下的样本数据进行回归，从表 7-22 可以看出，两种激励模式下的股权激励比例系数都为正，且都通过了检验。股票期权激励模式下的激励比例系数为 0.032，限制性股票模式下的激励比例系数为 0.128，后者系数较大，这就说明限制性股票激励模式下的公司业绩相应提高较多，因而证

明了假设三,限制性股票激励模式较股票期权模式要好,假设三成立。

五、通过股权激励提升创新能力

本章主要有以下研究结论。一是通过对股权激励实施前后战略性新兴产业的净资产收益率、每股收益这两项财务指标进行对比,发现股权激励实施后的业绩较实施前有显著提升。股权激励的实施对企业管理者起到了激励和约束作用,使企业绩效得以增长。二是战略性新兴产业股权激励比例与企业业绩成非线性关系,具有区间效应。当股权激励比例小于3%时,股权激励比例与每股收益成显著正相关;当股权激励比例超过3%时,激励比例与每股收益成不显著的负相关,随着股权激励比例的持续增加,公司外部环境对管理层的约束力减弱,企业业绩下滑。三是限制性股票激励模式对战略性新兴产业业绩影响较股票期权激励模式更为显著,限制性股票激励模式的激励效果要好于股票期权激励模式。

股改结束以来,公布实施股权激励方案的公司逐年增加,表明股权激励越来越被企业所重视。股权激励的实施确实给很多公司带来了业绩上的提升,但也有不少公司因为各种原因停止实施股权激励。有些公司的行权条件与市场价格差距很大,这样的股权激励措施从本质上来说已经失去了激励意义。本书根据实证研究结果提出以下几个方面的建议,以期完善我国战略性新兴产业的股权激励机制,增加股权激励效果。

一是完善公司治理结构。公司的股东、董事、经理、高层管理人员都是通过公司治理结果来分配和规范他们之前的权利和义务,完善规范的公司治理结构有利于股权激励效果的提高。我国公司治理结构还存在很多诟病,董事与经理兼任的现象时有发生,内部监控不严,容易进行内部交易,操纵公司财务报表,从股票价格上下波动中获利。同时不完善的公司治理结构,会造成管理层的"短期行为"而不利于公司的长期发展。因此,必须建立完善的公司治理制度,公司可以引进外部审计等中介机构来监控公司的经营水平,增加外部董事与公司管理者的独立性,减少公司管理层的道德风险,提高股权激励效果。

　　二是根据公司自身特点选择适合的股权激励模式,并多尝试新的激励模式。我国战略性新兴产业大部分公司都选择了股票期权激励模式,且大部分激励期限都在 5 年,与国外 10 年左右相比较短,容易让公司管理层发生"短期行为"。其次就是选择限制性股票模式,选择其他激励模式的公司非常少,可见我国实施股权激励的模式比较单一。此外,激励比例普遍较小,并没有起到实际的激励效果。

　　前文研究表明,限制性股票模式的激励效果较好,公司可以根据自身的特点选择该激励模式进行股权激励,同时还可以根据实际情况灵活选择其他激励模式,比如股票增值模式、虚拟股票等模式,或者采取组合激励模式。在选择激励模式的时候,也应当适当增加激励有效期限,期限延长可以避免公司管理层的"短期行为",而有利于公司的长期发展。

　　三是建立和完善公司的业绩考核制度。现在公司业绩考核主要是以净资产收益率、每股收益、净利润等财务指标体系为主,而非财务指标很少被重视。企业应增加高层管理人员道德考核、研发投入、公司内部治理结构的完善程度等非财务指标的权重,实现行权条件的灵活多样化。

第八章　企业价值与创新能力

厘清创新能力与公司价值的关系,有助于明确创新对于公司价值提升的重要作用,有利于公司有针对性地调节创新过程,发挥优势、改善瓶颈,以驱动企业价值创造。

一、创新能力影响企业价值的理论分析

随着资本市场交易不断活跃,越来越多学者关注到企业在资本市场上的价值与资产负债表所记录的账面价值存在着巨大差异,试图解释这种差异的产生。早期学者们主要从财务指标的视角来研究,随着理论分析的不断丰富发展,越来越多研究者开始关注技术创新和公司价值的关联性。

斯图尔特(Myers Stewart)认为公司技术革新能够产生未来获利机会,进而促进整体价值增加[1]。格里利谢斯(Griliches)认为技术创新投入增加会促进企业生产率提高,从而影响企业价值。斯威比(Sveiby)认为企业价值由有形资源和无形资源组成,在知识经济时代,特别是对于高新技术企业来说,无形资产比有形资产产生的贡献更多。技术革新是增加公司整体价值的重要动力,使公司市场价格与会计账面记录价值差异巨大的主要因素就是技术创新能力等无形资源[2]。古思(Guth)把技术创新能力纳入企业价值创造影响因素

---

[1]　Myers Stewart, "Determinants of Corporate Borrowing", *Journal of Financial Economics*, 1977(5).

[2]　Sveiby, K.E, *The organizational wealth:Managing and measuring Knowledge-based Assets*, San Francisco:Berrett-Koehler,1997.

的分析中,认为企业要想不断保持市场竞争力,必须通过技术创新来寻找新的利润增长点,在这个过程中,企业价值必然会增长①。斯托普福德(Stopford)发现培养创新方面的能力可以帮助企业提高产能和管理绩效,从而提高公司价值②。藤田(Fujita)认为在新经济时代,企业所面临的外部竞争环境愈发复杂激烈,产品的生命周期愈发变短,企业只有通过技术创新才能继续生存发展下去③。卡米森(Camisón)和比利亚尔(Villar-López)以西班牙公司为研究样本,实证证明提升技术创新能力能够驱动企业价值增长④。

　　王同律指出影响公司价值创造的关键因素是其在技术革新方面的实力,技术创新可以驱动公司价值实现"平稳与快速增加"⑤。郑晓采用定量分析,比较发展能力较强的高技术企业分布情况,发现创新驱动型企业能够获得更为持久的发展⑥。王清伟等采用计量模型分析创新投入对公司价值产生的影响作用,认为技术创新是驱动公司内在价值增长的重要动力⑦。计恒军从量变与质变两个维度分析技术创新活动如何影响公司整体价值,提出创新不仅促进公司有形资源和未来成长机会的价值上升,同时还能促进企业各方面能力的提升⑧。王铁南认为技术创新可以使公司具有差异化,从而影响内在价值⑨。孟枫平等针对第一产业内的公司,从要素输入、有关输出和环境支持角度对技术创新进行剖析,探讨其对公司价值的影响,结果显示创新投入和产出

---

　　① A Ginsberg, W Guth. *Guest*, "Editor's Introduction: Corporate Entrepreneurship", *Strategic Management Journal*, 1990, vol.11, pp.5-15.

　　② Stopford, J.M.& Baden-Fulller, "Creating Corporate Entrepreneurship", *Strategic Management Journal*, 1994, 15(7), pp.521-536.

　　③ S Fujita, A *Strategy for Corporate Innovation*, Tokyo: Asian Productivity Organization, 1997.

　　④ Camisón, Villar-López, "*Organizational Innovation as An Enabler of Technological Innovation Capabilities and Firm Performance*", *Journal of Business Research*, 2014, 67(1), pp.2891-2902.

　　⑤ 参见王同律:《技术创新与企业价值增长》,《中南财经政法大学学报》2004 年第 2 期。

　　⑥ 参见郑晓:《科技类上市公司成长性评价模型及实证研究》,清华大学硕士学位论文2005 年。

　　⑦ 参见王清伟、计军恒:《论技术创新及激励与企业价值》,《经济问题》2006 年第 11 期。

　　⑧ 参见计军恒:《基于技术创新的企业价值增长及评估研究》,西北农林科技大学博士学位论文,2007 年。

　　⑨ 参见王铁男、涂云咪:《管理创新能力调节下技术创新能力对企业绩效的影响》,《技术经济》2012 年第 10 期。

能力作用于企业价值效果更明显①。

梳理国内外研究成果,发现相关研究主要是从理论分析角度出发,不同学者研究视角不一致未能形成系统体系,直接研究技术创新能力与公司价值关系的较少,针对我国高新技术企业的实证研究更是少之又少,而且实证研究数据大部分来自企业调查问卷,缺乏客观性。本书从行业视角出发,分析公司技术创新能力与公司价值关系。

(一) 相关概念界定

1. 技术创新能力

熊彼特(Schumpeter)在 20 世纪发表的著作《Theory of Economic Development》②中揭示创新是将各种资源重新配合并投入生产中去,比如制造新产品、改造新工艺等。随着经济发展,众多学者都强调了技术创新的重要作用。经济学鼻祖亚当·斯密就曾提出技术创新能够提高生产效率。著名学家马歇尔(Marshall)提出在一定条件下,在要素投入不断增加的同时,企业边际产量呈现先增加后减少的趋势,而技术创新能够有效阻止这种递减情况。

关于创新能力的定义,大致有两种界定视角。第一种主要从过程视角界定。斯图尔德(Steward)认为公司创新能力包括技术选择、改良、吸收、革新以及战略五个方面③。还有学者认为快速学习、搜索能力等也属于企业技术创新能力。第二种主要从要素视角界定,将有才能的人、研发体系、管理才能和价值观理解为影响公司技术革新能力的关键要素。如李燕等将创新能力定义为单位通过利用现有的知识与物质,来改进或创造新技术所具有的能力④。后来的研究进一步扩展,将技术创新能力延伸到组织协调、要素、设备等方面。

---

① 参见孟枫平、张莉莉:《农业上市公司技术创新能力与企业价值关系研究》,《科技管理研究》2015 年第 18 期。
② 参见[美]约瑟夫·阿洛伊斯·熊彼特:《经济发展理论:对于利润、资本、信贷、利息和经济周期的考察》,商务印书馆 1990 年版,第 53 页。
③ Steward F., Fransman M., King K., *Technological Capability in the Third World*, London:Macmilan,1984(3),pp.156–168.
④ 参见李燕、李应博:《战新产业发展的区域创新体系支撑体制研究》,《科研管理》2015 年第 1 期,第 6—14 页。

不同研究从不同维度看待技术革新能力,分别强调了创新不同方面的重要特征。综合这些不同方面的特征概括并考虑本研究目的,这里将技术创新能力界定为通过已有技术的吸收、改造和运用或者对新技术的研发与创造,将创新有关要素投入转换成产出的一种综合化能力。

2. 企业价值内涵与形成

企业一般以盈利为目的,通过生产产品或提供服务实现其利益最大化。其作为社会财富的主要创造者,本身也具有一定的价值。

随着产权交易的出现,企业价值孕育而生。在19世纪后半叶,国外一些发达地区企业为应对激烈竞争逐渐开始进行大规模并购活动。随着企业并购活动的不断开展,催生了大量评估企业价值需求,在企业上市、投资、经营管理等活动中对其价值进行评估都具有极其重要的作用。各个时期对公司真实价值内涵有着不一样的表达方式和度量方法。最初,人们对企业价值的认识主要体现在劳动价值论,认为劳动造就了商品,从而组成其价值,用生产该产品的必要劳动时间来衡量价值大小。但企业并非一般意义上的产品,无法像普通产品一样大量生产和销售,这种特性导致计量企业价值异常困难。后来出现了资产价值观,从会计学角度提出公司价值等于其所有独立资产价格相加的总和。然而很快有学者发现了两者之间的差异,企业作为一个整体,各单项资产的有机组合也会影响其价值,因此企业资产价值并不等同于企业价值。此后,马歇尔(Marshall)提出均衡理论①,认为资本市场供需平衡时,企业本身价格等于市场价。均衡价格论虽然提出企业价值能够货币计量,但并没有关注企业价值的内在创造机制,不能脱离交易市场而存在。伴随资本市场的逐渐完善和深化,许多公司逐渐将价值理念作为其组织运营的中心观念。

莫迪利亚尼(Modigliani)和米勒(Miller)建立的模型②为这一时期公司价值研究提供了方法论。他们提出,在没有税收的情况下,公司价值不受债务增减变化的作用,即与融资结构无关。在有税收的情况下,因为借款产生的财务费用有抵扣税款的作用,在债务比例提高的同时公司价值也跟着提高,即公司

---

① 参见阿弗里德·马歇尔:《经济学原理》,商务印书馆1997年版,第82—86页。

② Modigliani F., Miller M. H., "The cost of Capital, Corporation finance and the Theory of Investment", *American Economic Review*, 1958, 48(3), pp.261-297.

价值与融资结构相关,因此公司在这一时期的价值表现为所有投资者的财富。后来费舍尔(Fisher)从未来现金收入角度解释企业价值[1],使价值内涵得到了新发展。由此出现的内在价格理论认为公司实际价格等于按照一定的贴现率将其在将来存续期间预期发生的现金及等价物贴现后的现值。关于公司价值的含义,随着人们对其理解的逐渐深入也在持续发生演变。

学术界尚未对企业价值内涵形成统一界定,考虑本研究需要,这里采用内在价值理论的观点。

3. 企业价值评估方法

不一样的公司价值表述方式下,评估方法各不相同,较常见的有以下4种。

成本法将企业看成多个资产组成的集合,认为企业价值等于购置各项资产所付出的成本减去所承担的债务。而企业作为一个整体,其本身产生的收入和支出也会影响企业价值,却未被考虑,因此用成本法评估的企业价值违背了资产评估的整体性原则。

市场法在评估企业价值时,避免了这一缺点,将企业作为一个整体,根据相关财务标准找到市场上类似企业作为比照,将类似企业的市场价值转换为自身价值。因这种方法以交易价为基础,缺乏客观性,并且得出的公司市价也并非公司本身真实价值,而是与类似单位相比而言。因此这方法的应用也有局限性。

现值法(Rappaport Model)打破了以往估值办法的限制性,从现金流量的角度来衡量企业价值,将预期将来产生的净流量根据某一贴现比率还原到当前时期的价格,考虑了时间和风险因素。其不足之处在于贴现比率和预期将来净现流的确定存在主观性。尽管如此,在评估企业价值时此方法应用仍然较为广泛。

期权法的出现使得估价方式得到了新发展,是对现值法的进一步补充,强调了公司在将来具有的选择权的价钱。因为资产价格难以确定等各种因素限制,该种方法在使用过程中也存在些许困难。

---

[1]　Fisher, *The Nature of Capital and Income*, Macmillan, New York, 1906, pp.210-216.

在对企业价值进行实证分析时,受数据的可获性及其他客观因素影响,通常采用托宾 Q 作为企业价值的衡量指标,其优点在于不容易被主观因素所影响,所反映的企业价值更具客观性。本书在实证分析时也采用托宾 Q 作为企业价值的替代变量。

(二) 技术创新和公司价值的内在联系

1. 创新促进公司价值增加的作用路径

内生增长原理主张经济保持上涨的主要原因是创新。从微观层面来说,技术创新能够作用于生产流程,促进单位产量增加或制造出新商品,从而有利于公司发展壮大。资源基础理论主张创新可以为公司创造"特殊"要素,这些特殊要素能够使其居于比较上风。信号原理认为单位向外传达的消息能够对股票市价产生很大影响。考虑到资金融通需求,公司更愿意向外传达对股价上涨有利的消息,如果其主动公开技术有关消息,则意味着技术创新对公司价值有积极作用。大多数学者均认同技术创新实力是促进公司整体价值提高的关键因素。

在全球经济联系日益紧密的时代,企业面对四面八方的竞争对手,创新是这些组织获取差异化优势的关键途径。熊彼特提出技术创新能够为经济增长带来动力,因此企业可以通过技术创新来实现价值增长[1]。巴恩(Barne)指出企业竞争优势来源于异质性的资源,而技术创新能够为企业带来这种异质性资源,获得强势竞争地位[2]。一个行业中的企业只要成功开发出了新技艺,原先的将会被不断取代,此时拥有新技术的公司将暂时获得技术垄断地位,超额利润和市场占有率的增加必会为企业带来价值增加,并且企业也可以通过转让或授权新技术的方式来增加其收入。技术创新在为企业带来竞争优势的同时也能为消费者带来更优质的商品及劳务,有利于企业提升品牌影响力、顾客满足程度、市场比重和资产收益率等。

---

[1] 参见熊彼特:《经济发展理论:对于利润、资本、信贷、利息和经济周期的考察》,商务印书馆 1990 年版,第 136 页。

[2] Barney J.,"Firm resources and sustained competitive advantage", *Journal of management*, 1991,17(1),pp.99-120.

以内在价值理论为依据进一步展开讨论,未来现金净流量(m)、折现率(r)、持续经营时间(t)共同作用对企业价值产生影响。当未来净流量 m 越大、折现率 r 越小、经营年限 t 越长时,公司的价值也就愈大。内在价值用数学公式(8.1)表示如下:

$$V = F(m,r,t) \tag{8.1}$$

技术创新可以通过影响预期净流量、折现率、连续运营时间来对公司价值形成影响。首先,在未来现金净流量方面,企业可以通过技术创新开阔全新业务领域实现创收,也可以通过在现有业务领域进行技术创新,提升经营活动各环节的经营效率,提升营业收入或者减少成本费用,最终实现提高预期净收入。其次,折现率即资本成本,表示为出资者认为其出资应达到的最低收益率。通常来说,如果出资者面临的不确定性越高,则对应的最低收益率也会越高,由此折现率与预期净收益风险水平正相关。这种不确定性能够进一步划分为系统性与非系统性。前者不能通过多样化组合消除,是每个企业都会面临而无法回避的,与经济波动有关。非系统风险即可分散风险,受公司经营行为、筹资行为与投资行为的影响,因不同公司的筹资、投资和经营各不相同,所对应的非系统风险也不一致。因此公司通过技术创新可以对其加以改变,进而影响折现率。最后,就持续经营时间来说,一般而言绝大部分企业很难在激烈的竞争环境中一直持续经营下去。企业要想保持持续经营能力,必然需要技术革新。技术革新可以帮助企业保持比较上风,从而使持续经营时间尽可能延长。由此可见,技术创新通过多种途径对公司价值创造产生综合影响。从价值创造的途径来看,技术创新通过增加企业未来现金净流量、降低企业特质风险以及为企业保持竞争力从而尽可能延长企业连续经营时间等方式来作用于企业内在价值的增长。

在欧美等成熟资本市场中,公司技术创新实力与价值增涨的关系已经得到了不断验证。1988 年戈日利奇(Griliches)[①]以美国上市公司为研究对象,实证分析专利授权数量对企业价值具有明显的正向影响。公司通过增强该方

---

① Griliches Z,PAKES A,Hall B H,"The value of patents as indicators of inventive activitiy",*General Information*,1988.

面的能力可以直接影响其拥有的专利数量,从而有益于公司市场价值增加,因此公司要想实现可持续发展必须要不断培养技术革新能力。1994年索杰尼斯(Sougianis)实证分析发现公司科研投入每上升一个单位,未来获取的净收入将会上升两个单位,从而使股票市值上涨五个单位[1]。列夫(Lev)和索杰尼斯(Sougiannis)通过研究美国上市公司近15年的数据,发现企业研发投入正向影响企业未来股票价格[2]。法西(Maldi-fassi)等通过构建模型发现制造业公司技术的边际生产力高于人力、物质,且呈现规模报酬递增趋势[3]。根据2014年相关数据统计发现,我国资本市场中表现良好的企业均具有较高的技术创新能力,而农业等技术革新水平较差的单位在资本市场中表现不佳。由此可见,公司技术革新实力与市场价值增涨有着显著影响关系。

2. 公司价值增长对创新的正反馈作用

随着市场竞争日益加剧,短视行为带来的暂时利益注定无法为企业带来持久发展。为了获得长远发展,越来越多企业将价值管理作为企业战略决策的主要依据,运营管理过程中的所有决策都是使整体价值达到最大。对公司来说,增强技术领域革新实力能够促进公司价值上涨。在公司价值上涨的同时,一则能为技术创新供应更多的要素投入,二则有利于提高员工在该方面的意识,驱动企业不断进行技术创新,从而良性循环,实现协同增长。

二、技术创新能力对公司价值影响的实证分析

19世纪以来,追求赢利最大化的目标已经无法适应企业所面对的复杂激烈的经营环境,公司价值受到越来越广泛的关注,是否能增加整体价值逐渐成

[1] Sougiannis, T., "The accounting-based valuation of corporate R&D", *The Accounting Review*, 1994,69,pp.44-68.

[2] Lev, B. and Sougiannis, T., "The capitalization, amortization and value relevance of R&D", *Journal of Accounting and Economics*,1996.21(2),pp.107-38.

[3] Maldifassi,Jose O., Rodriguez, Manuel A., "The Impact of Technology Assets on Small Firms'-Productivity:Empirical Find-ings in Chile",*International Journal of Business Performance Management*,2005,7(02),pp.01-02.

为判断一项经营决策可行与否的主要依据,因此寻找价值提升的主要动力来源成为重要的研究课题。在新经济时代,技术革新对企业价值创造和经济增长的重要性得到了普遍认可。科利斯(Collis et al.)提出,客户资本、品牌和创新等成为企业提高竞争能力,在超竞争环境中生存发展的重要因素①。这一结论在知识型企业中表现更为明显。王同律认为影响公司价值创造的关键因素是其技术创新实力,科技革新能够驱动公司价值实现"常规、超常和持续增长"②。由此可见,技术以创新作为企业争取比较优势的一种途径,与公司价值创造有着密切联系。

全球经济联系日益紧密,出现超竞争环境,消费者需求不断发生变化且呈现多样化趋势,这就要求企业不断调整以迎合客户需求。只有对技术不断革新才能够飞快进行调整以适应各种变化,及时满足客户需求,进而构筑竞争优势和垄断力量。因此对创新活动进行高效管控和运用成为公司提高内在价值和获取比较优势的关键路径。而公司价值提升又可以给创新活动开展不断带来新的货币支持,从而形成一种良性循环。然而在实际情况中,存在很多不利因素影响技术创新作用于企业价值增长的正常发挥,技术创新对企业价值增长的作用力与理论研究水平相差很远,不利于企业加强该方面的能力建设。据数据统计,虽然国家技术革新领域投入呈现逐年递增趋势,但自主创新能力并未有效增强,与国外发达国家相比我国仍属于非创新型国家,自主创新能力明显落后,存在低效浪费情况。在我国经济调整大背景下,战略性新兴产业作为经济发展的领头羊,肩负着引领我国创新型国家建设的重要使命,其在技术层面革新的快慢与质量明显对我国总体水平有重大作用。

不同行业公司创新力存在差异性,若想有针对性地对创新活动进行调节,发挥优势、改善瓶颈,实现提高企业价值,则离不开对创新行为及其对公司价值影响的深入研究。

本书在对技术创新能力进行评价的基础之上,深入探讨技术创新能力驱动公司价值增长的作用途径,然后分组讨论行业差异对两者内在相关程度的

① Collis,D.J.and Montgomery,C.A.,"Competing on resources:strategy in the 1990s",*Harvard Business Review*,1995,73(4),pp.118-128.

② 参见王同律:《技术创新与企业价值增长》,《中南财经政法大学学报》2004 年第 2 期。

调节影响。

（一）假设提出及研究方法选择

1.假设提出

公司技术创新一方面能够开阔市场实现销售增长,另一方面可以加强效率从而减少制造成本与运营费用,最后均能实现公司价值增长。由于我国经济正处于调整转型期,企业技术创新能力在发挥价值创造的过程中受到各种复杂因素的影响,地区差别、行业差别、公司性质差别等对创新能力与公司价值的内在关系有着一定程度的作用。考虑到行业特征也是影响公司价值的重要因素,本书在讨论产业内上市公司技术创新能力与公司价值总体相关性的基础之上,从行业差异的角度去探究不同行业创新能力与公司价值的内在关联性。根据前文相关理论,提出以下假设。

假设一:公司技术创新能力越强,公司价值越大。

假设二:行业特征对公司技术创新能力与其价值的内在关系有一定影响。

2.研究方法选择

为检验上述假设,本书采用 SPSS 软件对有关样本值分别加以相关性研究与回归研究。在回归分析以前通过计算变量相互间的关联系数以及显著程度,可以同时了解各个变量相互间是否有着显著关联。由于自变量与因变量之间相关系数的显著水平较高仅代表两者存在较强相关性,并不能直接说明提升技术创新能力能够实现企业价值增长,因此在相关性分析的基础之上,还需要进一步分析验证提升技术创新能力能够实现企业价值增长的因果关系。

（二）模型设计及主要变量定义

为了研究公司技术创新能力对公司价值的影响,构建如下回归模型（8.2）:

$$Y = \partial_0 + \partial_1 X + \partial_2 SIZE + \partial_3 Growth + \varepsilon \qquad (8.2)$$

1.因变量——企业价值

企业价值的衡量指标选择还没有达成一致标准。考虑到数据的可获取性及研究的可行性,本书采用托宾 Q 作为企业价值的替代变量。

2. 自变量——技术创新能力

创新能力大多用公司技术创新要素投入水平与产出水平两个层次来衡量,但由于创新活动具有复杂与风险并存的特征,创新要素投入也有极大不确定性,投入越多并不一定代表对应产出也会越多,也不一定代表公司该方面的能力越强,因此,用创新要素投入水平度量公司创新能力存在不足。格里利谢斯(Griliches)认为专利及其他技术权利减少了技术创新过程的不确定性,能够更显著对企业价值施加影响[1]。出于实证分析目的考虑,本书选用专利及其他技术权利数量来衡量企业技术创新能力。

3. 非实验变量——企业资产规模和销售上涨比

企业价值受企业规模、销售增长率等多种因素影响,为了更精确验证技术创新能力对企业价值的影响关系,消除企业规模等其他因素的影响,将企业规模和销售增长率作为控制变量。其中,企业规模为年末资产总额的对数,销售上涨比为当年较上年的营业收入上升比率。

以上变量定义见表8-1。

表8-1 变量定义

变量类型	变量名称	变量符号	变量定义
被解释变量	企业价值	Y	(股东权益市场价+负债市价)/年末资产账面价值
解释变量	技术创新能力	X	专利及其他技术权利数量取自然对数
控制变量	企业规模	SIZE	年末总资产的自然对数
	销售增长率	Growth	(本年营业收入-上年营业收入)/上年营业收入

通常认为,创新能力作用于公司价值存在着时间滞后。在作用时滞和尽量保证样本规模的综合考量之下,本书选取1年为滞后期,即选取的技术创新能力为 t_0 时点,企业价值滞后一期为 t_1 时点。

---

① Griliches Z.,"Patents statistics as economic indicators:A survey",*Journal of Economic Literature*,1990,28(4),pp.1661—1707.

（三）样本选取及数据来源

本书选取平安证券构建的含有 503 只股票的"战略性新兴产业"股票池为研究基础。其中企业历年的专利申请授权数量通过查询汇总得到，企业价值托宾 Q 值来源于国泰安数据库，其他财务数值取自万得（wind）软件及东方财富软件，原始数值再作加工处理。行业划分以最新战略产业的划分标准为依据。截至 2015 年 12 月 31 日，剔除数据异常和数据缺失的单位后最终获得有效上市企业个数为 397 家，选取 2010—2015 年作为研究区间，得到样本观察值共 2382 组。

（四）计量结果与分析

1. 创新能力和公司价值整体相关性研究

在使用计量模型(8.2)回归研究前，首先使用 SPSS17.0 软件对创新能力 X 与公司价值 Y 间是否线性关联加以验证，计量结果如表 8-2 所示。

表 8-2　创新能力和公司价值相关系数矩阵

相关性		X	Y
X	Pearson 相关性 显著性 N	1 397	.385* .025 397
Y	Pearson 相关性 显著性 N	.385* .025 397	1 397

注：* 表示在 5% 的显著水平上相关。

由于主要目的对技术创新能力与企业价值进行相关性检验，并不考虑模型以外的影响因素，因此不再对模型拟合优度作进一步分析。根据相关性分析结果，显著性数值均低于 5% 说明模型整体达到了显著性要求，由皮尔逊系数为 0.385 可知公司在创新能力和公司价值有着明显正向关系，自变量确实为因变量的影响因素之一。

在对战略性新兴产业企业技术创新能力与企业价值相关性分析的基础之

上,利用 2010—2015 年的相关数据对公式(8.2)进行回归分析。

表 8-3　公司创新能力与公司价值关系的多元回归结果

变量	企业价值 Y
X	0.451^{***} (3.93)
SIZE	-0.108^{**} (-2.38)
Growth	0.223^{***} (3.01)
Adj.R2 F-statistics	0.304 42.15^{***}

注:括号中数值为 T,*代表在 0.1 上显著,**代表在 0.05 上显著,***代表在 0.01 上显著。

根据回归结果表 8-3,F=42.15,P<0.01,说明回归模型(8.2)具有显著统计学意义。调整 R2 为 0.304 可能是因为还存在其他影响企业价值的因素未被纳入模型,导致模型拟合度偏低,这里不再深究。虽然公司科技创新能力并非影响公司价值的唯一因素,但实证结果显示公司创新能力 X 对公司价值 Y 仍然具有明显正向作用,从而验证了假设一。公司提升科技创新能力能够有效驱动总体价值创造,为企业和投资者谋求最大利益。

2.不同行业内公司创新能力和公司价值间相关程度

不同行业对技术创新能力的需求是不同的,一些企业致力于通过提高技术创新能力来获取持续竞争优势,而另一些企业则更依赖于物质资产。皮尤等(Hong Pew Tan et al.)通过实证分析发现,技术创新能力对制造类企业的贡献最大,其次为商贸业企业,金融与服务业企业技术创新能力的贡献最低[1]。由于战略产业内各行各业公司在科技创新上的能力存在差异性,在此将对 397 家上市企业展开分组研究,对比各行业创新能力和公司价值的关联程度是否存在差异。计量结果如表 8-4 所示。

_____

① Hong Pew Tan,David Plowman,Phil Hancock."Intellectual capital and financial returns of companiesJournal",*Journal of Intellectual Capital*,2007.8(1),pp.76-95.

表8-4 不同行业创新能力和公司价值相关程度比较

行业	样本规模	相关性	显著性
高端制造业	87	0.439	0.013
节能环保业	23	0.272	0.029
生物产业	28	0.264	0.031
新材料	73	0.398	0.027
新能源	48	0.259	0.034
新能源汽车	20	0.402	0.015
新一代信息技术	118	0.451	0.010

由表8-4可知,七大行业的P值都低于0.05,说明七大行业创新能力和公司价值间关系都是显著的。从相关系数来看,由于相关系数均大于零,可以再次说明公司技术创新能力对企业价值具有显著正相关性。按照皮尔逊数值大小进行排序发现新技术行业关联系数为0.451、制造行业为0.439、新汽车行业为0.402、新材料行业为0.398,这四类行业的技术创新能力与公司价值的相关性程度更高,行业内公司通过加强该方面的能力能够较好驱动公司价值创造。虽然节能环保业、生物产业和新能源企业技术创新能力与企业价值相关程度较低,但仍能够显著影响企业价值。因此,第二个假设得到了验证,行业差异对技术创新和公司价值的内在关系具有一定程度的影响,即对于不同行业,两者关系的密切程度不同。

三、增加企业价值,提升创新能力

本章构建公司创新能力和公司价值内在作用关系理论框架,深入探讨战略产业内企业创新方面与企业价值的关系得出如下结论。

(一)我国战略新兴产业企业技术创新效率偏低

运用数据包络分析(DEA)P2.1软件对我国战略新兴产业企业创新能力

从静态和动态加以评价,发现企业技术创新总体效率水平偏低,且纯技术效率要低于规模效率。其原因主要包含两方面:一是人力、资本等要素投入没有得到恰当的分配与组合;二是公司对于该过程缺乏有效管理。所以,战略性新兴产业应对创新要素的投入结构作出重新调整,加强科技创新、制度创新与管理变革,提高资源配置能力,以此来提高技术创新能力。并且,由于创新过程存在极高的不确定性,大部分企业要素投入规模没有达到最优状态,边际投入产生的报酬是递增的,在该阶段的公司应加强创新投入力度;而处于规模效益递减阶段的企业应当在保持目前投入规模的前提下,不断增强技术创新效率,防止规模因素的不利影响致使公司总体效率水平下降。

从行业视角看,七大行业中节能环保行业、生物行业、新能源行业、新汽车行业相较于其他三个的创新能力更高。新材料行业效率水平最低,是因为纯技术方面的效益水平较差。七大战略性新兴行业在技术进步方面表现欠佳是造成综和要素效率低下的关键因素,特别是新一代信息技术行业技术退步最大。

总的来说,导致我国企业技术创新表现欠佳的主要原因是资源投入结构不合理、研发经费使用效率低下,资源大量反复输入导致多余和浪费,不够合理分配导致低效使用;原始创新严重缺乏,对智力成果保护力度不足,没能形成灵活多变的创新系统;技术进步进展缓慢,创新意识严重不足。因此,提高战略产业科技创新实力,应从三个方面来考虑。一是加大人才和资金等资源投入力度,同时对资源配置不断进行优化,通过制度创新激励研发人才积极创新,创造更为宽松与开放的人才发展环境,重视各领域的人才建设,创建密切关联、灵活多变的创新网络。二是通过政府财政拨款、科研基金、银行信贷等支持技术创新,同时优化科研经费的投入结构,提高资金使用效率。三是促进企业培养积极主动的创新意识,提高自身创新能力,从而全面提升产业发展水平。

(二) 公司创新能力正向影响公司价值

选取战略产业2010—2015年间上市企业面板数据,利用回归模型发现公司创新能力和公司价值有着明显促进作用关系,因此,公司可以通过加强创新能力有效驱动公司价值增加。按照行业划分分组进行相关分析可知对不同行业企业来说,两者间的相关系数也存在着差别,企业提升创新能力时应考虑行业差异对两者之间关系密切程度的影响。除技术创新外还有许多因素会对企业价值产生影响,因此,有的企业虽然技术创新水平较弱但在资本市场上表现却很好,从长远角度看,公司要想维持竞争上风,必然离不开创新。

技术革新是提升公司价值的关键驱动力。对我国战略产业来说,企业要壮大必然离不开科技创新,加大人才与资金投入的同时合理配置并改进管理,增强科技产出效率,不断促进公司技术创新能力提升,有助于企业在复杂激烈的外部经营环境中保持市场竞争地位和抢占新的市场,能促使公司价值实现持久与稳定增长。

第九章　制度环境影响创新
能力的综合分析

制度环境可以分为两类,一类为代表非正规制度环境的市场环境,另一类为代表正规制度环境的政策环境。下文拟以我国战略性新兴产业上市企业作为观测样本,从创新能力提升的角度全面分析制度环境的不同构成要素对于企业创新的具体影响。

一、制度环境影响创新能力的理论分析

(一) 制度的本源

制度环境归其本源应属于制度的分支,究其理论根源应属于制度理论的范畴。制度理论(institutions)认为群体的规制、规范和认知结构化的行为出现于社会。当前制度理论的研究主要分为两大派别,即经济学派和社会学派。经济学派的主要代表人物有诺斯、威廉姆斯等人。经济学派主要从经济学的成本、边际效率等角度对制度环境进行分析。威廉姆斯认为制度的出现有助于降低企业、个人等行为主体的交易成本,提高社会总效率。诺思(North)认为制度是人们通过人为设定的一种社会普遍认可的约束,分为正规约束(法律法规)和非正规约束(风俗习惯),通过约束来降低个体或者组织在行为过程中的风险,提高组织行为效率,实现社会稳定。社会学派的主要代表人物有斯科特(Scott)、鲍威尔(Powell)、迪马吉奥(DiMaggio)等人。社会学派主要从制度的构建、制度是否合法、制度是否适合群体的发展等角度进行分析。例如

迪马吉奥(DiMaggio)和鲍威尔(Powell)①曾提出,现代组织存在于社会组织中受到三种不同的强制同构、规范同构、模仿同构制度的影响。所谓强制同构即企业在发展过程中必须接受的政府颁布的相关法律法规;规范同构即企业通过构造内部的规范制度来规范自己的员工从而与外部规范制度相衔接,进而符合社会的规制;模仿同构即企业日常的组织管理规则需要通过模仿其他组织的行为规范来制定自己的行为规范。总之,无论是从经济学还是社会学的角度分析制度,学者都证明了制度环境对企业管理产生决定性的作用,需要我们厘清制度环境与企业创新能力的关系。

(二) 制度环境的内涵

再从制度所涵盖范畴的角度分析,制度可以分为制度环境和制度安排。制度环境与制度安排属于两个层次的定义。制度安排具有较大的确定性,可以通过组织设计来完善组织系统。而制度环境具有较大的不确定性,分为正式制度环境和非正式制度环境。最早提出制度概念的先驱凡勃伦(Veblen)认为制度是人们通过主观意识而形成的行为习惯和思想意识,更偏向于把制度定义为非正式制度环境。之后,制度学派的奠基人康芒斯(Commons)提出制度是通过一条普遍的原则来规范人们的行为习惯。诺思(North)在其《制度、制度变迁与经济绩效》中指出制度是一个社会的游戏规则,是决定人们相互关系的系列约束,由非正式约束和正式的规范组成②。笔者认为制度是人类历史发展过程中最普遍、最具有约束力的规律,可以引导、约束、激励人们的行为习惯。制度环境属于制度里面相对难以控制但又需要控制的部分。由于制度环境存在着较多不可控的变量,才更有必要厘清制度环境各要素的重要性。斯科特(Scott)认为,制度环境是由各种详尽的规则和条件所形成的,个体或组织必须遵守这些规则条款才能获得合法性和支持。可见斯科特(Scott)认为制度环境更多是对人们行为的规范,与制度安排的定义较为相近。事实上

---

① Dimaggio. Paul J. and Walter W. Powell, "The Iron Cage Revisited: Institutional Isomorphism and Collective Rationality in Organizational Fields", *American Sociological Review*, 1983 (48), pp. 24—27.

② 参见袁庆明:《制度含义刍议》,《南京社会科学》2000 第 11 期。

制度环境是制度安排的外延,在制度安排的基础上,由法律环境、文化环境、政策环境、金融环境等多维不确定性要素组成的新外延才是制度环境。这里提出,制度环境是指一系列可以影响战略性新兴产业创新能力的规则和条件,主要包括政治环境、金融环境、法律环境、文化环境、市场环境等。

(三) 制度环境对经济发展的重要性

制度环境研究的是群体的行为规范,具有共性和普遍性,而不是个体的行为。不同的制度环境会塑造不同的企业发展模式,直接对企业发展产生根本性的影响。科学合理的制度环境有利于为企业营造公平、公正的外部环境,可以通过正反馈激励企业自主创新升级,从而增强企业的核心竞争力。当制度环境中的某些要素不符合企业创新环境的要求时,企业就会通过寻租、抄袭专利等方式谋求捷径发展。当企业家通过寻租等方式可以获得超过其成本,甚至会超过企业自主创新所获得的收益时,企业家就会把大量本来用于创新投入的成本投入到维系社会关系、发展人脉等方面,则会造成全社会陷入恶性循环中。许多研究也表明企业的创新能力主要取决于制度环境。因此,营造良好的制度环境是推动企业升级转型的必由路径。诺思(North)曾经指出西欧社会可以突破传统社会的"马尔萨斯"循环跨入现代社会主要是因为西欧营造了社会转型的制度环境。西欧社会民主制度、法律环境的构建,重视保护个人产权,进而催生出文化界、经济界的文艺复兴、工业革命等产生。强功能化的制度环境可以为企业创新提供正向激励,而弱功能化的制度环境会约束企业创新发展。

制度环境对企业创新能力影响的理论基础来源于交易费用经济学理论和制度经济学理论。交易费用经济学理论认为通过制度环境的改善可以降低企业的交易成本和企业经营的不确定性。信息成本又是交易成本的核心成本[1]。企业会根据制度环境对交易费用的影响制定符合市场环境的公司战略和经营模式。因此,制度环境会间接决定企业的经营状况、管理模式、经营战略等。制度经济学理论认为,企业在由社会规范、价值以及一系列公认的假设前提所组成的社会性框架中运行,此框架决定了企业采用什么样的经济行为

---

[1] 参见李时敏:《交易过程与交易成本》,《财经问题研究》2002 第 12 期。

是恰当的和可以接受的①,因此,只有构建行为主体互动关系自由度较高的制度环境才有利于企业创新发展。综合交易费用理论和制度经济学理论来看,制度环境的设计应该把握组织结构、组织特定社会情景和行为主体行为习惯之间的内在逻辑关系。

制度环境包括教育系统、劳动力市场、金融市场、知识产权、产品市场竞争和福利制度②。制度环境各要素对企业创新均有不同的影响。陈运森,朱松③认为政治关系对制度关系具有重要的影响。还有研究者④认为有政治联系的企业比缺乏政治联系的企业多获得双倍的贷款,金融环境的优化有利于解决企业的融资困境⑤。谭之博⑥曾实证得出企业的融资抑制受到其周边制度环境的影响。刘启亮、罗乐等人利用厦门大学内控课题组的数据,论证出战略性新兴产业所在区域的市场化程度越高企业的内部控制就会越高⑦。其他环境因素同样也会对企业创新能力产生诸多影响,企业的创新动力受制度环境各要素的影响已经得到了多数学者的共识。鲍莫尔(Baumol)⑧也曾通过实证研究得出,良好的制度环境会激励企业选择适合其发展的决策,这种激励结构也会推动经济体自主创新。

当前我国经济处于"三期叠加"时期,需要转变企业经济增长方式,努力实现创新驱动。这就需要政府构建更加科学合理的制度环境,通过法律、政治、金

---

① Oliver. Richard, *Satisfaction*: *A Behavioral Perspective on the Consumer*, New York: McGraw-Hill, 1997, pp.26-27.

② Lundval Johnson Anderson & Dalum, "National system soft production innovationand competence building", *Research Policy*, 2002, pp.11-15.

③ 参见陈运森、朱松:《政治关系、制度环境与上市公司资本投资》,《财经研究》2009 年第 9 期。

④ Khwaja & Mian: "Do Lenders Favor Politically Connected Firms", *The Quarterly Journal of Economics*, 2005(120), pp.1371-1411.

⑤ Berger&Udell.G.F., "Small Business Credit Availability and Relationship Lending: The Importance of Bank Organisational Structure", *The Eeonomie Journal*, 2002, pp.32-53.

⑥ 参见谭之博、赵岳:《企业规模与融资来源的实证研究——基于小企业银行融资抑制的视角》,《金融研究》2012 第 3 期。

⑦ 参见刘启亮、罗乐、何威风、陈汉文:《产权性质、制度环境与内部控制》,《会计研究》2012 年第 3 期。

⑧ Baumol William J.Entre Preneurship: "Productive, Unproductive, and Destructive", *Journal of Political Economic*, 1998, pp.893-921.

融、教育等多个维度帮助企业降低交易费用,提高创新能力,实现企业创新升级。

二、制度环境影响创新能力的实证分析

(一) 相关文献梳理

斯蒂格利茨(Stiglitz)①曾指出社会资本与制度环境之间存在 U 型关系。在市场经济发展还不够完善、制度还不够健全的情况下,企业更适合通过发展社会关系获得额外收益。随着市场经济的发展、制度环境的完善,制度即可弥补社会关系的缺失,此时企业只要通过模仿,按照制度安排进行发展,具有自主创新能力即可以获得额外收益。随着我国市场经济体制不断完善,企业只有转型升级才可以获得额外收益。同时,提高自主创新能力、建设创新型国家需要有更多企业在创新发展道路上加速成长,创新活动对于企业获得竞争优势的重要作用早已为学界所认同。诺思(North)将制度环境定义为建立在生产、交换和分配基础上的一系列政治、社会和法律规则的集合,这些规则包括政府选举、产权即合同权利等。针对我国制度环境的研究较多,但研究范围大多限定于制度环境中少数特定的方面,如市场化程度(唐松、胡威、孙铮②等)、法律制度(罗党论、唐清泉③等)、地方保护主义(黄俊、张天舒等④)、政府干预程度(杨华军、胡奕明⑤;唐松、胡威、孙铮等)、金融市场(方军雄⑥等)等。关于制度环境对企业创新能力影响的研究,更多以规范分析为主,从制度环境涵

---

① Stigler.George J. , "The Theory of Economic Regulation", *The Bell Journal of Economic and Management Science* , 1971 , pp.3-21.

② 参见唐松、胡威、孙铮:《政治联系、制度环境与股票价格的信息含量——来自我国民营上市企业股价同步性的经验证据》,《金融研究》2011 年第 7 期。

③ 参见唐清泉、罗党论、王莉:《大股东的隧道挖掘与制衡力量——来自中国市场的经验证据》,《中国会计评论》2005 年第 6 期。

④ 参见黄俊、张天舒:《家族企业的会计信息——来自中国资本市场的经验研究》,《中国会计与财务研究》2011 年第 4 期。

⑤ 参见杨华军、胡奕明:《制度环境与自由现金流的过度投资》,《管理世界》2007 年第 9 期。

⑥ 参见方军雄:《我国上市公司高管的薪酬存在黏性吗?》,《经济研究》2009 年第 3 期。

盖的不同层面研究企业的创新能力,认为战略性新兴产业主要存在六方面的制度障碍:法律环境、教育环境、财税环境、金融环境、人力环境和市场环境。

关于企业创新能力的研究文献较为丰富,所运用的评价方法也较多样。学者们一般均认同企业在创新过程中技术成果的产出能力构成了创新能力最为重要的一个部分。显然,无论是创新过程效率还是创新产出效率,对企业创新来说都是非常重要的。

通过梳理现有文献,发现国内外关于制度环境的界定具有共性。制度环境包括法律环境、教育环境、金融财税环境等,政府可以通过制定不同的制度环境激励企业创新。关于企业创新能力,学者们更加倾向于通过投入能力与产出能力之间的关系确定企业的创新能力,主要的研究方法有 AHP 层次分析法、模糊综合评价法、数据包络分析法等。

(二) 建立研究模型

沿用第二章战略性新兴产业企业创新能力评价结果,参考数据口径的标准化和数据的可得性,在其他条件不变的前提下,从投入能力水平、运营能力水平、盈利能力水平、产出绩效水平四个维度构建战略性新兴产业创新能力模型,如图9-1所示。

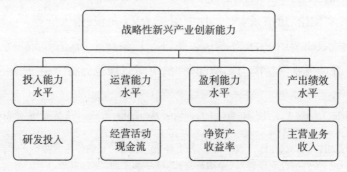

图 9-1 战略性新兴产业创新能力模型

1. 研究假设

我国经济正处于转轨时期,大部分企业存在着起点低、底子薄,整体层次不高,竞争力弱,容易破产等特点。我国社会主义市场经济是逐渐完善的,在完善过程中政府依然起主导作用①。国有企业的低绩效的缘由主要是国家在转型时期地方政府会利用其政治权利左右地方企业从而实现其政治目标②。政府过度干预会阻碍企业创新活动,造成企业低效率,而政府对于企业适当补贴会激励企业进行创新。因此,利用怎样的渠道进行政府扶持,且扶持的方式能否进一步改善我国企业生存的制度环境、促进企业公平竞争,成为当前研究的必要课题。

因此,提出假设一:在其他条件不变的前提下,政府扶持力度越大,企业的创新能力越高。

当新技术是私有性质时,利润动机和市场压力能自发促进企业技术创新,但具有较高社会价值的公共产品性质的新技术却没有企业愿意开发。这就要靠政府予以财政支持,通过税收优惠或者税收补贴等方式给予欲扶持企业以特殊的政策优惠。地方政府为了获取短期利益,可能对地方企业做出有违推动企业创新的税收政策。因此,有必要分析地方税收优惠政策能否促进企业自主创新能力的提高。

因此,提出假设二:在其他条件不变的前提下,企业所在地税收政策越优惠,企业自主创新能力越高。

金融体系最主要的功能是在难以确定的环境约束下实现资源跨空间和时间的配置。③ 因此,作为刚刚起步的新兴战略性产业,需要依托以银行为主体的金融体系,重新优化资源配置。然而,科技创新由于"高风险,高收益,回报期长",与银行贷款追求低风险不够匹配,这就需要研究经济发展水平较低的地区是否存在金融抑制现象。国外学者多依据具体的实践效果进行单个变量的影响程度分析,也有从促进企业创新能力提高的政策进行分析讨论,对当地金融行业所形成的金融环境与企业创新能力的关系研究相对较少,这里单独以金融发展水平这一变量与企业创新能力的关系作为切入点进行实证分析。

---

① 参见庞明川:《转轨经济中政府与市场关系中国范式的形成与演进——基于体制基础、制度变迁与文化传统的一种阐释》,《财经问题研究》2013 年第 12 期。

② Shleifer.A.and R.Vishny,"Asurvey of eorporate governanee",*Journal of Finanee*,1997(52),pp.31-35.

③ 参见蒋波:《基于金融功能观的商业银行综合经营研究》,《南方金融》2012 第 5 期。

因此,提出假设三:在其他条件不变的前提下,企业所在地金融发展水平越好,企业自主创新能力越高。

核心竞争力提高是企业发展的根本动力,而自主创新能力是企业提高核心竞争力的关键。然而,创新具有外部性。制度激励功能的存在,主要是由于创新行为具有"外部性"①。创新行为的外部性可以通过技术的"溢出效应"推动整个社会企业创新能力提高,然而,"溢出效应"也就会导致部分企业减少自主研发投入,通过复制、模仿等其他方式获取技术创新。因此,促进企业创新能力的提高就必须加强企业知识产权的保护。只有营造适合企业创新的治理环境才能促进企业优化升级,实现真正的创新驱动。

因此,提出假设四:在其他条件不变的前提下,企业所在地知识产权保护制度越完善,企业的自主创新能力越高。

我国各地区经济发展水平相对非常不平衡,产业结构也急需优化。随着我国经济总量的提升,近年来传统行业中的"僵尸企业"不断优化,而科技企业却迟迟得不到资金支持。因此,科技企业创新的可持续性必须拥有多元化融资渠道。啄食次序理论认为科技企业的融资具有递进性,从最初的自有资金,到向银行贷款,过渡到最后的股权融资方式。由于商业银行贷款偏好属于风险规避型,因此,在地区经济发展落后,银行无法提供更多贷款给科技企业的时候,企业就需要开拓新的融资渠道,通过债券、期权等方式获得资金。

因此,提出假设五:在其他条件不变的前提下,其他融资渠道的优化有助于科技企业创新能力提高。

2. 样本选择和数据来源

选取我国战略性新兴产业上市公司 2009—2013 年的截面数据作为研究样本。剔除了截至 2014 年 1 月 1 日已经退市的企业以及数值残缺的部分企业,最终选取了 356 家我国战略性新兴产业上市企业作为样本。

各省域政府补贴由企业的微观数据累加所得,数据来源于万得数据库②。中央(地方)科技财政支持、中央(地方)财政支出、GDP、高等学历在校人数、

---

① 参见刘锋:《自主创新与制度环境》,《广西大学学报》(哲学社会科学版)2007 第 1 期。

② 万得信息技术服务公司:万得数据库,见 http://www.wind.com.cn。

当年全国从业人数均由《中国统计年鉴》[1]获得。机构贷款总额、全国保险机构保险密度由《中国金融年鉴》[2]获得。技术市场成交合同、专利申请书和专利授予数由《中国高技术产业统计年鉴》[3]获得。

数据结果均运用 Eviews7.2 软件进行处理。

3. 回归模型和变量定义

建立模型系统分析制度环境、企业创新能力和企业绩效的相互关系,以期提出可操作性强的具体优化方案。模型中将我国制度环境分为两类,一类为代表非正规制度环境的市场环境,主要通过金融环境、财税环境和技术市场环境指标来描述;另一类为代表正规制度环境的政策环境,主要通过政府环境、法律环境、教育环境、公共财政支出水平指标来描述。所有类型制度环境均选取了变量进行描述,并对企业自身的一些特征进行了控制。

基本模型为:

模型一:$LNE = \beta 0 + LN\beta 1 INTERV + \beta 2 EDU + \beta 3 IPR + LN\beta 4 PFS$　　　　(9.1)

模型二:$LNE = \beta 0 + \beta 1 BS + \ln\beta 2 NBS + \ln\beta 3 TMD + \beta 4 TAX$　　　　(9.2)

其中 E 为我国战略性新兴产业企业的创新能力,数值测度由第二章的AHP 层次分析法加权汇总获得。INTERV 为政府干预指标,由各地区上市公司所获得的政府补贴额度加总获得。BS 表示银行金融支持水平,用中央(地方)金融机构贷款总额与 GDP 的比率来反映。NBS 表示非银行金融支持水平,用全部保险机构保险密度来衡量,因为保险公司投资的主要是高风险、高收益产品,而科技创新的特征正符合保险公司需求。BS 和 NBS 共同组成了金融环境衡量变量。IPR 表示知识产权保护,选取地区被授予的专利数与申请数的比例来衡量,用来反映地区对知识产权的保护力度,同时也间接反映产业技术创新活动开展的普遍程度,这是目前通用的做法。EDU 表示高等教育学历在校生数占从业人员数的比重,反映这一地区的教育环境以及具有科技创新能力和科技创新水平的人力资本存量。TAX 表示地方税收收入占中央

---

① 参见国家统计局:《中国统计年鉴》,中国统计出版社 2013 年版。
② 参见中国金融年鉴编辑部:《中国金融年鉴》,中国金融出版社 2013 年版。
③ 参见国家统计局:《中国高技术产业统计年鉴》,中国统计出版社 2013 年版。

税收收入的比重,税收额度由企业的利润决定,因此该指标用来衡量非正规制度环境。PFS 表示中央(地方)科技财政支出占中央(地方)财政支出的比重,用以衡量我国财政政策对战略新兴产业的支持力度,财政支出的额度由政府决定,因此该指标用来衡量正规制度环境。TMD 表示技术市场发展水平,以技术市场成交合同额作为衡量指标。具体变量如表 9-1 所示。

表 9-1　变量定义说明及测度

一级指标	二级指标	变量含义	变量定义	变量测度
市场环境	税收环境	税收水平	TAX	地方税收占中央税收的比重
	金融环境	银行金融支持水平	BS	机构贷款总额占 GDP 的比重
		非银行金融支持水平	NBS	全部保险机构保险密度
	技术市场环境	技术市场发展水平	TMD	技术市场成交合同金额
政策环境	财政环境	公共财政支持水平	PFS	当地科技财政支出占当地财政总支出的比重
		政府直接扶持水平	INTERV	各地区战略性新兴产业上市企业所得政府补贴总额
	教育环境	人力资本水平	EDU	高等教育学历在校生数占从业人员数的比重
	法律环境	知识产权保护水平	IPR	被授予的专利数与申请数的比例

4. 描述性统计

表 9-2　政策环境的描述性统计

	Mean	Median	Maximum	Minimum	Std.Dev
e	14.78081	10.9465	109.4328	−32.1683	13.61813
INTERV	13.98260	13.99242	14.37945	13.44576	0.336275
PFS	0.094417	0.100600	0.108000	0.070600	0.013393
IPR	0.592009	0.595900	0.666600	0.497400	0.054706
EDU	0.509060	0.588100	0.666600	0.132100	0.174717

（1）政府环境分析。我国战略性新兴产业上市企业经营过程中政府干预现象相对普遍，政府给予了企业较多的政策补贴。从表9-2中可以看出只有13.98%的企业拥有政府补贴，补贴力度远远不够。从侧面说明我国上市企业的政府联系相对较强，上市企业更容易获得政府资金扶持。这与法西奥（Faccio）的研究结果相符，他研究了47个样本国家，发现拥有政治背景的企业数量约占总上市企业的3%[①]。

公共财政支出水平（PFS）的均值为0.094417，说明我国科技财政支出水平相对较低，仍需要加大对战略性新兴产业的财政支持。因此，政府制定怎样的政策，给予怎样的财政支持激励企业创新就凸显其重要性。

（2）法律环境方面的IPR指标值也相对较低，仅为0.592009，表明我国对知识产权的保护力度依然欠缺，产品被迅速复制、抄袭等事件时有发生，因此我国应该努力优化企业市场环境，提供更加权威、严谨、公开、公正的法律环境，产权明确有助于企业创新能力提高。

（3）教育环境指标值EDC均值也仅有0.509060，表明政府应该进一步提高高校、科研院所的科研能力，为企业提供更多高学历高素质人才。最高值为0.6666，最低值仅为0.1321，说明个体间差异较大，这就要求企业加强高学历人才投入，重视引入高素质人才，进而提高企业的核心竞争力。

表9-3　市场环境的描述性统计

	Mean	Median	Maximum	Minimum	Std.Dev
e	14.78081	0.236444	0.807155	0.038972	0.223465
BS	0.306569	0.000000	1.000000	0.000000	0.462761
NBS	0.192398	0.148473	0.527078	0.035126	0.150203
TMD	0.474964	0.392475	6.348711	0.025955	0.568356
TAX	12.12081	11.20109	16.12421	10.90086	2.003562

（4）金融环境分析。从表9-3中可以看出银行金融水平要优越于非银行金融水平，前者均值为0.306569，后者均值为0.192398。可见我国银行仍然

[①]　Faccio，"Politically Connected Firms"，*American Economics Review*，2006(96)，pp.369-386.

是企业融资的主体,企业研发费用主要以银行贷款为主。因此,我国应该在进一步优化金融环境的同时,激活资本市场,为战略性新兴产业提供更加多元化的融资渠道,降低企业融资成本。

(5)市场环境分析。从表9-3中可以看出技术市场环境指标值为0.474964,相对其他环境还是比较强。可见经过近几年发展,我国科技技术市场得到了长足发展,企业的技术市场环境得到了改善。但是,指标最高值为6.348711,最低值为0.025955,表明各地区技术市场发展水平较不平衡,需要统筹全局,优化各地区技术市场,给予市场足够的自由度,为企业创新发展提供更加宽松的市场环境。政府可以通过简政放权,给企业创新提供更加低廉的交易成本。

(6)税收环境分析。从表9-3中可以看出指标值均值为12.12081,说明我国政府税收所占比重较高,战略性新兴产业财政环境仍需优化。政府应该加大战略性新兴产业税收减免力度,进一步优化税收环境,构建适宜科技创新的税收优惠体系,同时还应通过加大科技财政支出提高企业创新能力,推动企业降低交易成本,实现创新驱动。

5. 单位根检验和协整检验

由于选用的面板数据是时间序列与截面数据的结合,具有时间和空间两种特征,减少了时间序列的多重共线性问题,因此,首先应该确定时间序列是否具有平稳性,是否有"伪回归"现象发生。

使用 Eviews7.2 进行单位根检验,得出结果如表9-4、9-5、9-6、9-7所示。

表9-4　政策环境的单位根检验结果

	Pesaran 检验	ADF 检验	PP 检验	结果(滞后阶)
e	0.0000	0.0000	0.0000	通过(一阶)
INTERV	0.0000	0.0000	0.0000	通过(一阶)
EDU	0.0000	0.0000	0.0000	通过(一阶)
IPR	0.0000	0.0208	0.0000	通过(一阶)
PFS	0.0000	0.0208	0.0000	通过(一阶)

表 9-5　市场环境的单位根检验结果

	Pesaran 检验	ADF 检验	PP 检验	结果(滞后阶)
e	0.0000	0.0000	0.0000	通过(一阶)
BS	0.0000	0.0000	0.0000	通过(一阶)
NBS	0.0000	0.0328	0.0000	通过(一阶)
TMD	0.0000	0.1129	0.0000	通过(一阶)
TAX	0.0000	0.0000	0.0000	通过(一阶)

由表 9-4、9-5 可以得出,模型在一阶差分下时间序列是平稳的。下面运用协整检验,检验方程是否有"伪回归"现象。

表 9-6　政策环境的协整检验结果

Kao(1998)检验	t-Statistic	Prob.
ADF	−10.76672	0.0000
RESID?(−1)	−31.77194	0.0000
D(RESID?(−1)	11.917433	0.0000

表 9-7　市场环境的协整检验结果

Kao(1998)检验	t-Statistic	Prob.
ADF	−12.191603	0.0000
RESID?(−1)	−32.060291	0.0000
D(RESID?(−1)	12.4279952	0.0000

Kao(1998)检验是采用 LM 方法对具有协整关系的零假设进行检验,假设残差是通过有效的 FMOLS 或 DOLS 估计得到的。如表 9-6、9-7 所示,通过 kao 检验得出,在 5% 的显著水平下拒绝原假设,因此模型方程 9.1 和 9.2 不存在"伪回归",政策环境和市场环境对企业创新能力的面板数据之间存在协整关系。

6.冗余固定效应检验

面板数据建模主要有混合普通最小二乘法、固定效应法和随机效应法三种基本方法。选用 Eviews7.2 软件中的冗余固定效应检验(Redundant Fixed

Effects Tests)来判断模型是否存在个体固定效应和时间固定效应,结果如表 9-8 和表 9-9 所示,截面 F 检验和 chi-square 检验均拒绝"效应是冗余的"零假设,说明应选择固态效应回归。

表 9-8　政策环境的固态效应检验

Effects Test	Statistic	d.f.	Prob.
Cross-section F	2. 719304	(371,1483)	0. 0000
Cross-section Chi-square	964. 752364	371	0. 0000

表 9-9　市场环境的固态效应检验

Effects Test	Statistic	d.f.	Prob.
Cross-section F	2. 874518	(371,1473)	0. 0000
Cross-section Chi-square	1007. 048	371	0. 0000

7. 多元线性回归结果与分析

由于选取的均是《中国科技统计年鉴》《中国金融年鉴》等权威性统计年鉴中的代表性数据,所以不能把观测个体当作一个大总体中的随机抽样结果,而是应该作为总体估计而非抽样估计,又由冗余固定效应检验证明数据适合进行固态效应模型回归,所以选用固态效应模型回归,结果如表 9-10 和表 9-11 所示。

表 9-10　政策环境的多元线性回归结果

	Coefficient	Std.Error	t-Statistic	Prob
C	2. 559400	0. 328967	7. 780109	0. 0000
IPR	-2. 908304	2. 522971	-1. 152730	0. 2492
INTERV	-1. 254982	0. 626064	-2. 00455	0. 0452
EDU	2. 274746	0. 772762	-2. 943655	0. 0033
PFS	5. 302566	26. 95243	0. 196738	0. 8441

R-squared=0. 508734;Durbin-Watsonstat=1. 865480;F-statistic=4. 067675;Prob(F-statistic)=0. 000000

— 168 —

通过表9-10可以看出,本模型的拟合优度R-squared为0.513844,表明各变量具有较高的拟合性。各变量对企业自主创新能力E的影响中,政府直接扶持水平(INTERV)、人力资本水平(EDU)均通过了0.05%的显著性检验,而知识产权保护水平(IPR)和公共财政支持水平(PFS)没有通过显著性检验。其中人力资本水平对企业创新能力产生正相关的影响,而政府直接扶持水平对企业创新能力产生负相关。

(1)由表9-10所示,政府直接扶持水平具有明显的显著性且系数为-1.254982,说明政府补贴的使用效率较低,不仅没有推动企业创新能力提高,反而会阻碍企业创新。企业较容易获得资金支持反而会降低企业创新的积极性。而公共财政支出水平与企业创新能力水平之间没有显著性关系,说明政府有待优化财政环境,通过制定科学合理的政策激励推动企业提高自主创新能力。单纯依靠政府补贴实证证明难以推动战略性新兴产业创新能力的提高,需要通过多元化的科技财政支持方式推动企业自主创新。因此,在其他条件不变的前提下,政府扶持力度越大,但企业创新能力并不一定会越来越高,还需要具体分析其传导机制,进一步论证怎样的渠道更有利于激活活力。假设一不成立。

(2)企业所属地区的知识产权保护力度相关系数为-2.908304,同样没有通过检验。说明我国知识产权保护力度不足,许多企业的创新成果容易被其他企业模仿或者窃取,因此,应该加强知识产权保护力度,通过法律手段有效杜绝企业窃取他人创新成果,减少企业投入大量研发成本获得的成果快速被其他企业模仿的事件发生。政府应该通过构建有效的法律制度来保护企业知识产权,努力优化法律制度环境,做到产权明晰,有法可依,执法必严。假设四不成立。

(3)通过表9-10可以发现,教育环境对企业创新能力提高同样具有显著效应。其系数为2.274746,说明每增加1%的人力资本投入企业就可以提高227%的创新能力。因此,企业需要进一步加强人才引进、管理等,渠道引入高素质人才,塑造企业自己的人才核心团队,进而形成企业核心创新驱动力。政府应该加大人力资本投入,通过科学的方式培养人才,培养适合企业需求的创新型人才,进而为企业提供源源不断的高素质创新型人才,而不是仅仅提供具有应试能力的"高分生"。

表 9-11　市场环境的多元线性回归结果

	Coefficient	Std.Error	t-Statistic	Prob.
C	15.74437	1.999027	7.876015	0.0000
NBS	-1.332075	0.231683	-5.749556	0.0000
TAX	-0.179960	0.027301	-6.591664	0.0000
TMD	0.000209	0.544021	2.092629	0.0000
BS	1.362434	2.85E-05	7.340423	0.0004

R-squared = 0.512842；Durbin-Watsonstat = 1.890910；F-statistic = 4.135096；Prob(F-statistic) = 0.000000

通过表 9-11 可以看出,本模型的拟合优度 R-squared 为 0.512842,表明各变量具有较高的拟合性。各变量对企业自主创新能力 E 的影响中,银行金融水平(BS)、非银行金融水平(NBS)、技术市场发展水平(TMD)、税收水平(TAX)均通过了 0.05% 的显著性检验,其中银行金融水平、技术市场发展水平对企业创新能力产生正相关影响。而税收水平(TAX)和非银行金融水平(NBS)对企业创新能力产生负相关影响。

(4)从表 9-11 可以看出,税收环境对企业创新能力的相关系数为 -0.179960,截距项为 0%,表明税收环境对企业的创新能力相关性较强。政府对战略性新兴产业每增加 1% 的税收会降低其 17% 的创新能力,反之亦然。因此政府为鼓励战略性新兴产业发展,提高其自主创新能力就要适度给予一定的税收优惠政策,激励企业自主创新,降低企业的经营成本。符合假设二。

(5)表 9-10 得出,银行金融支持水平(BS)的 p 值为 0.0004,表明各地区银行金融对战略性新兴产业的创新支持力度相关性较强,说明战略性新兴产业依然以银行作为融资主体。然而,在我国经济发展的特殊背景下,银行对科技企业的支持力度仍显不足。银行的目标客户并不是科技企业,而是以劳动密集型产业为主导的传统企业较多。而且银行贷款会因为战略性新兴产业投入大、风险高、回报周期较长的特点减少对其的贷款额度,进而会产生"金融抑制",甚至会阻碍科技企业的创新。因此,政府需要通过存款准备金率、再贴现率等金融工具适度引导银行加大对战略性新兴产业的资金支持力度。假设三成立。

（6）多渠道的融资市场必然对科技企业发展提供持续性的资金支持。模型结果显示,非银行金融水平与战略性新兴产业存在负相关关系。这是因为当前我国资本市场发展仍不成熟,资本深化程度不足,多元化的融资渠道尽管可以为企业提供资金支持,但其资金使用成本较高且资金管理不完善,操作风险、信用风险等风险时有发生。因此,在加速发展资本市场的同时,应该加强对互联网金融公司、金融资产公司、小额信贷公司等金融主体的监管,提高非银行金融主体运营管理规范化,拓展战略性新兴产业融资渠道,降低融资成本。因此假设五成立。

通过 Eviews 软件最终获得了企业创新能力模型的回归设计:

模型一:

$$lnE = 2.559400 - 2.9083041IPR - 1.254982LNINTERV +$$
$$2.274746EDU + 5.302566LNPFS \tag{9.3}$$

模型二:

$$lnE = 15.74437 - 1.332075LnNBS - 0.179960TAX +$$
$$0.000209LNTMD + 1.362434BS \tag{9.4}$$

8. 回归结果的拓展性研究

通过政策环境和市场环境对企业创新能力影响的实证模型,可以获得固态效应回归结果。实证表明固态效应模型的常数项越大对被解释变量的影响就越大。由于样本量较大,有 356 家战略性新兴产业,因篇幅所限,本书只罗列固态效应常数项最大的前 20 项,数据排列后发现模型一与模型二的排序完全一样,故在表 9-12 中仅用一列表示。通过对实证结果的观察,发现以下几个特征:

（1）排名靠前的企业均有较高的股价,表明创新能力较强的企业更加被市场所认可,股价充分体现企业价值所在。

（2）前 20 名的企业中,主板市场的企业仅有三家,且排名相对较后,说明创业板相对主板,更是战略性新兴产业融资的渠道。创业板为战略新兴产业提供了更多元的融资渠道,应该继续降低企业上市门槛,尽快由审核制向注册制转变。

(3)在前20名企业中,东部地区企业占了80%,而中部与西部加起来只有4家企业,说明区域性制度环境对企业创新能力具有显著性影响,各省份地域环境、文化环境、政策环境、教育环境差异等造成制度环境差异,而相对优越的制度环境更有利于企业提高创新能力。

表9-12 固态效应常数项排名

Fixed Effects (Cross)	C	证券名称	排名	所属省份
261--C	41.49832	三诺生物	1	湖南
271--C	35.52734	晶盛机电	2	浙江
150--C	32.92256	亚玛顿	3	江苏
366--C	30.97082	*ST 锐电	4	北京
287--C	29.4958	南大光电	5	江苏
278--C	28.10002	凯利泰	6	上海
254--C	26.06452	朗玛信息	7	贵州
256--C	25.27614	荣科科技	8	辽宁
265--C	24.94834	远方光电	9	浙江
268--C	24.56614	邦讯技术	10	北京
289--C	20.76538	金卡股份	11	浙江
266--C	20.20338	吉艾科技	12	北京
285--C	19.84512	科恒股份	13	广东
238--C	19.34668	北京君正	14	北京
272--C	19.30686	珈伟股份	15	广东
255--C	19.0223	利德曼	16	北京
264--C	17.60272	聚飞光电	17	广东
163--C	16.96328	首航节能	18	北京
293--C	16.79374	宇通客车	19	河南
269--C	16.7717	戴维医疗	20	浙江

三、完善制度环境,提升创新能力

本章实证厘清制度环境对我国战略性新兴产业创新能力的影响,通过投入能力、运营能力、盈利能力和产出绩效能力四个维度诠释企业的创新能力,把制度环境分为政策环境和市场环境,运用 2009 年到 2013 年的面板数据进行回归分析,得出政府直接扶持水平、教育水平、公共财政支出水平、非银行金融支持水平、税收水平、银行金融支持水平、技术市场发展水平均通过了0.05%的显著性检验。表明制度环境对企业的创新能力具有显著性的影响。

一是政府环境。我国战略性新兴产业上市企业经营过程中政府干预现象相对普遍,政府给予了企业较多的政策补贴。研究结果表明虽有部分企业获得了政府补贴,但政策补贴的力度还远远不够,同时也可以从侧面发现我国上市企业与政府联系相对较强,上市企业更容易获得政府资金的扶持。这与法西奥(Faccio)对 47 个国家作样本研究的实证结果比较符合,拥有政治背景的企业数量约占总上市企业的 3%[①]。另外,研究结果显示我国科技财政支出水平相对较低,仍需要加大对战略性新兴产业的财政支持。因此,政府制定怎样的政策,给予怎么样的财政支持激励企业创新就凸显其重要性。需要建立科学的政策激励机制,引导企业创新升级。

二是法律环境。研究表明我国对知识产权的保护力度依然欠缺,产品被迅速地复制、抄袭等事件时有发生,因此我国应该努力优化企业的市场环境,提供更加具有权威、严谨、公开、公正的法律环境,产权的明确才有助于企业创新能力的提高。

三是教育环境。研究表明政府应该进一步提高高校、科研院所的科研能力,为企业提供更多的高学历高素质人才。而且个体间的差异较大,这就要求企业需要加强对高学历人才的重视,重视引入高素质人才,进而提高企业的核心竞争力。

---

① Faccio,"Politically Connected Firms",*American Economics Review*.2006(96),pp.369-386.

四是金融环境。研究显示,银行金融水平要优越于非银行金融水平,可以看出在我国银行仍然是企业融资的主体,企业的研发费用主要以获得银行主体的贷款为主,银行起到了更多为企业融资服务的职能,银行为企业的创新能力提高起到了更大的作用,而我国的资本市场并不完善,缺乏多元化的融资渠道。因此,我国应该在进一步优化金融环境的同时,提供多元化的资本融资渠道,激活资本市场,为战略性新兴产业提供更加多元化的融资渠道。降低企业融资成本,进而为企业的研发提供必要的资金支持。

五是市场环境。研究显示技术市场环境相对其他环境影响力比较强,证明经过了 2009 年至今 6 年技术市场的发展,我国的科技技术市场得到了长足的发展,企业的技术市场环境得到了改善。但是,个体的差异比较大,显示我国各地区的技术市场发展水平较不平衡,需要统筹全局,优化各地区的技术市场,给予市场足够的自由度,为企业的创新发展提供更加宽松的市场环境,政府可以通过简政放权,给予企业创新提供更加低廉的交易成本。

六是税收环境。我国政府税收所占比重较高,说明我国战略性新兴产业财税环境仍需优化,政府应该加大对战略性新兴产业的税收减免力度,进一步优化战略性新兴产业的税收环境,针对战略性新兴产业的特点构建适合其科技创新的税收优惠体系,通过加大科技财政支出提高企业的创新能力,推动企业降低交易成本,实现创新驱动。

第十章　制度环境影响创新
能力的地区比较

我国幅员辽阔,各地区具有明显的环境差异,不同地区制度环境对战略性新兴产业创新能力会产生不同的影响,本章将实证分析这些影响的差异性。

一、制度环境影响创新能力的地区比较研究设计

考虑到我国经济发展的现实并结合数据的可得性和口径的统一性,以2003 年国务院发展研究中心提出的八大经济区域作为区域划分依据,统计每区域内上市企业数量如表 10-1 所示。

表 10-1　2012 年我国八大经济区域内战略性新兴产业上市企业数量

区域划分	所属省份	战略性新兴产业上市企业数量
东北地区	辽宁、吉林、黑龙江	13
北部沿海地区	北京、天津、河北、山东	86
东部沿海地区	上海、江苏、浙江	103
南部沿海地区	广东、福建、海南	80
黄河中游地区	内蒙古、陕西、山西	6
长江中游地区	湖北、湖南、江西、安徽	39
西南地区	重庆、四川、贵州、广西	22
大西北地区	甘肃、宁夏、青海、新疆、西藏	7
总计:356 家战略新兴产业上市企业		

数据来源:中国工程科技发展战略研究院:《中国战略性新兴产业发展报告 2013》,科学出版社 2013 年版。根据相关数据整理。

依然选用模型一和模型二:

模型一:LNE = β0+LNβ1INTERV+β2EDU+β3IPR+LNβ4PFS　　　　（10.1）

模型二:LNE = β0+β1BS+lnβ2NBS+lnβ3TMD+β4TAX　　　　（10.2）

数据结果运用 Eviews7.2 软件进行处理获得。

二、制度环境影响创新能力的地区比较实证分析

（一）各经济区域比较分析

表 10-2　政策环境对各区域企业创新能力的影响

政策环境								
	EDU		IPR		PFS		INTERV	
经济区域	β系数	P值	β系数	P值	β系数	P值	β系数	P值
东北地区	1.781929	0.8229	41.31312	0.3654	-478.4784	0.0138*	2.412485	0.0903**
北部沿海地区	3.343772	0.3969	35.96655	0.0484*	-678.2028	0.0000*	4.095845	0.0000*
东部沿海地区	0.425673	0.0849**	4.213618	0.0014*	-44.73969	0.0000*	0.270093	0.0000*
南部沿海地区	-0.049442	0.8286	7.423354	0.0000*	-59.96897	0.0000*	0.263624	0.0000*
黄河中游地区	1.948317	0.1427	-4.124543	0.3408	-4.979001	0.7787	0.293453	0.0330*
长江中游地区	0.208551	0.5885	5.239114	0.0076*	-45.05616	0.0000*	0.233282	0.0001*
西南地区	1.309273	0.0241*	2.587202	0.2953	-44.88383	0.0000*	0.298640	0.0001*
西北地区	-0.310862	0.7671	0.703280	0.8783	-34.33145	0.0764**	0.354029	0.0162*

注:表格中 * <0.05, ** <0.1。

1. 财政环境

由表 10-2 可以清晰看出地方政府直接扶持对各经济区域都有直接显著的影响,且政府直接扶持水平北部沿海地区最高,其系数为 4.095845,表明地方政府每增加 1% 的政府补贴大约推动企业提高 400% 的创新能力,其次是东

北地区。同时,各地区公共财政支持水平的系数为负数,说明地方政府对科技财政的利用效果较差。

2. 教育环境

东部沿海地区和西南地区的教育环境相对更好,人力资本水平相对较高,说明这两个地区更加重视人才培养,且这些地区拥有较多高质量的高校。

3. 法律环境

北部、东部和南部沿海地区的知识产权保护力度更强,区域内的法律环境更加优化,企业的创新发明可以得到更有效保护。

表 10-3　市场环境对各经济地区企业创新能力影响

市场环境								
	TAX		BS		NBS		TMD	
经济区域	β系数	P值	β系数	P值	β系数	P值	β系数	P值
东北地区	-3.68E-07	0.4656	30.69205	0.0108*	-0.000594	0.1557	-2.08E-08	0.7958
北部沿海地区	-1.299811	0.0002*	-66.89181	0.0000*	10.31989	0.0000*	-0.135526	0.1789
东部沿海地区	-1.697913	0.0389*	-50.58738	0.0312*	8.784856	0.0027*	-0.078071	0.6849
南部沿海地区	0.076026	0.0028*	2.596029	0.0005*	-3.687620	0.0000*	1.241979	0.0000*
黄河中游地区	0.040241	0.6095	-1.912438	0.3751	0.385964	0.1187	-0.048886	0.0373*
长江中游地区	-4.54E-07	0.0000*	0.794887	0.0002*	-0.620804	0.0060*	-0.008658	0.3508
西南地区	0.042320	0.4523	0.157317	0.9186	-2.331950	0.0060*	1.913173	0.0068*
西北地区	0.017289	0.8397	-3.828703	0.1150	0.580795	0.0470*	-9.02E-10	0.9317

注:表格中星号表示 * < 0.05, ** < 0.1。

4. 税收环境

北部、东部、南部沿海和长江中游地区税收环境较好,地方政府通过给予一定的税收优惠激励企业提高自主创新能力。

5. 金融环境

表 10-3 显示北部、南部和东部沿海地区以及东北地区均具有显著性,说

明这些地区具有更加完善的金融环境,金融部门可以给予企业更多的资金支持,资本深化程度更高。

总的来看,东部、北部和南部沿海地区以及东北地区的市场化程度相对较高,企业的市场环境更加优化。而其他经济区域政策环境更加优越,国家给予了这些地区更多的优惠政策在实证结果中表现出来。

(二) 各省区比较分析

广西、青海、西藏、内蒙古、重庆、吉林、新疆、宁夏这八个省区的战略性产业上市企业较少,无法通过检验,故予以剔除。表10-4 的 NULL 代表空值,由于具有奇异矩阵,故剔除该变量。

表 10-4　各省域政策环境对企业创新能力影响

政策环境								
	EDU		IPR		PFS		INTERV	
地区	β系数	P 值	β系数	P 值	β系数	P 值	β系数	P 值
广东	-1.0018	0.5526	-45.9486	0.4620	645.475	0.4169	-20.3794	0.4011
安徽	-0.6300	0.8352	-174.927	0.0134*	2261.38	0.0125*	-70.3066	0.0110*
北京	-1.7025	0.1952	-17.5356	0.5538	241.963	0.5208	-8.56757	0.4561
福建	NULL	NULL	19.7436	0.7702	-232.247	0.7870	5.39130	0.8371
贵州	-5.0047	0.2145	-188.626	0.1112	2478.28	0.1025	-76.3717	0.0995
甘肃	NULL	NULL	107.711	0.4586	-1421.56	0.4422	43.0636	0.4453
海南	0.30848	0.8897	76.9666	0.2971	-973.919	0.3019	28.6331	0.3194
河北	NULL	NULL	144.082	0.3815	-1811.11	0.3868	54.0112	0.3973
河南	0.31755	0.5804	6.25499	0.0226*	-61.7413	0.0000*	0.32054	0.0002*
黑龙江	NULL	NULL	-137.136	0.4356	1763.78	0.4323	-54.5474	0.4262
湖北	NULL	NULL	144.082	0.3815	-181.12	0.3868	54.0112	0.3973
湖南	0.60377	0.6381	8.76617	0.0761	-62.1378	0.0028*	0.17886	0.2275
江苏	0.57770	0.1352	4.63969	0.0402*	-46.9925	0.0000*	0.25824	0.0003*
江西	0.24217	0.7370	2.76771	0.5119	-34.5518	0.0569	0.24835	0.0649
辽宁	1.95506	0.0192*	10.1422	0.0234*	-84.0542	0.0000*	0.22353	0.0995
山东	-0.2868	0.4558	4.56345	0.0446*	-48.1600	0.0000*	0.31190	0.0000*
陕西	2.47778	0.0271*	-5.54454	0.3260	-2.73568	0.9057	0.33234	0.0666

政策环境								
	EDU		IPR		PFS		INTERV	
地区	β系数	P值	β系数	P值	β系数	P值	β系数	P值
上海	-0.5436	0.3609	4.63030	0.1539	-47.8693	0.0005*	0.30192	0.0029*
四川	1.17344	0.1859	2.58335	0.3482	-49.1524	0.0000*	0.32645	0.0001*
天津	2.74011	0.0001*	1.83575	0.5836	-47.4140	0.0020*	0.32469	0.0039*
浙江	0.72737	0.0716**	3.85110	0.048	-42.7650	0.0000	0.27109	0.0000
注:表格中*<0.05,**<0.1。								

1. 教育环境

由表 10-4 可以看出,我国各省区教育水平发展很不平衡,只有个别省份具有显著性。辽宁、陕西、天津和浙江的教育环境较好,说明当地政府更加注重培养创新人才,而地方企业也获得了教育环境的正外部性,企业创新能力得以提高。

2. 法律环境

安徽、河南、江苏、辽宁、山东、浙江的法律环境更加优越,其中辽宁、江苏、山东的系数相对较高,说明这些省份的法律环境更加有助于企业创新能力的提高,而其他地区需要进一步优化法律环境。

3. 财税环境

各省的财税环境与表 10-2 所阐释的比较相似,在此就不再详述,值得说明的是四川地区的财税环境在西南地区中首屈一指,西南地区各省份可学习借鉴四川地区的经验,优化财税环境促进企业创新发展。

表 10-5 各省域市场环境对企业创新能力影响

市场环境								
	TAX		BS		NBS		TMD	
地区	β系数	P值	β系数	P值	β系数	P值	β系数	P值
广东	-0.94694	0.0273*	11.6665	0.2820	-0.00126	0.0000*	19.2305	0.0000*
安徽	-0.04135	0.5855	2.62809	0.2104	-2.97674	0.0112*	0.43716	0.6111

	市场环境							
	TAX		BS		NBS		TMD	
地区	β系数	P值	β系数	P值	β系数	P值	β系数	P值
北京	−1.40022	0.0000*	12.1142	0.4175	−14.1387	0.3718	0.01470	0.5124
福建	−0.11691	0.1040	236.419	0.0132*	−254.204	0.0117*	5.70529	0.0129*
贵州	−0.20687	0.0446*	−5.72217	0.9630	4.31597	0.9736	0.22831	0.8029
甘肃	0.14416	0.3446	38.2740	0.8437	−44.7056	0.8274	5.59255	0.2443
海南	−0.09922	0.2673	186.217	0.0791	−200.110	0.0763	−0.74041	0.2421
河北	−0.11358	0.5219	290.595	0.2175	−310.548	0.2123	1.13010	0.8368
河南	−0.14962	0.0024*	185.794	0.0059*	−199.673	0.0052*	−1.07769	0.0575
黑龙江	−0.15110	0.2936	3.91680	0.0977	−4.81593	0.2109	−0.15170	0.9778
湖北	−0.09495	0.1993	3.66206	0.0004*	−6.65195	0.0086*	0.00384	0.8286
湖南	−0.16142	0.0708	4.29635	0.0001*	−6.02687	0.0171*	−0.01945	0.5475
江苏	−0.09856	0.0146*	3.73605	0.0000*	−6.49623	0.0000*	−0.01523	0.1152
江西	−0.06253	0.4144	2.99573	0.0024*	−5.35195	0.0174*	−0.00842	0.6371
辽宁	−0.21153	0.0119*	5.34195	0.0000*	−9.58167	0.0003*	−0.04853	0.0273*
山东	−0.10395	0.0111*	3.96254	0.0000*	−7.47477	0.0000*	0.00492	0.6147
陕西	0.07614	0.4411	1.87393	0.1189	−3.85421	0.1714	−0.06255	0.0216
上海	−0.09828	0.0844	3.63878	0.0000*	−6.89766	0.0001*	0.01149	0.4353
四川	−0.05182	0.2880	3.15641	0.0000*	−6.85131	0.0000*	−0.02950	0.1949
天津	−0.13322	0.0331*	4.74976	0.0000*	−8.42684	0.0001*	−0.06482	0.0001*
浙江	−0.11139	0.0012*	4.03899	0.0000*	−6.36838	0.0000*	−0.01968	0.0485*

注:表格中*<0.05,**<0.1。

4.税收环境

由表10-5可见,北京市的税收环境最好,其次是广东省。这两个省区税收优惠对企业创新能力的影响边际收益最高。

5.金融环境

福建、河南的银行金融环境最好,银行金融环境对该省企业创新能力的影响最强。非银行金融支持水平具有显著性的省份较多,说明多元化融资渠道有利于企业创新能力提高。但是各省份系数均为负数,说明当前我国非银行金融机构缺乏更加科学的管理,在提供多元化资金的同时,也提高了资金使用成本。

6. 技术市场环境

我国技术市场环境仍处于发展阶段,具有显著性的省份只有浙江、天津、辽宁、福建和广东,都属于沿海省份。尤其广东省的系数为 19.2305,说明其技术市场比较完善,成熟的技术市场会推动企业创新升级,获得利润。而浙江、天津和辽宁的系数为负数,说明这些省份的技术市场中有阻碍技术创新的因素存在。

三、制度环境促进创新能力提升地区差异

在促进战略性新兴产业发展、提升创新能力方面,北部、东部、南部沿海地区的市场环境要优于其他地区,而其他经济区域政策环境更加优越。考虑到我国各省域制度环境的差异,分别对各省域进行实证研究。结果表明,辽宁、天津等教育环境较好,辽宁、江苏、山东等法律环境较好,北京、广东税收环境较好,福建、河南金融环境较好,广东、福建的技术市场环境较好。

第十一章　优化制度环境,促进创新发展

战略性新兴产业创新能力的提升与制度环境优化紧密相关。前述各章建立了符合中国国情的制度环境分析模型,以战略性新兴产业上市公司为主要观测数据样本,全面分析了制度环境中科技金融、融资结构、政府补助、人力资本投入、股权激励等各构成要素与企业创新能力之间的多维关系。

一、优化政策环境,拓展多元化扶持渠道

政府 R&D 资助与公司 R&D 支出行为有正相关关系。在当前知识产权保护制度还存在一定缺陷的情况下,政府直接资助可以降低企业研发成本,提高企业预期收益率,在一定程度上补偿创新外部性带来的成本与收益风险,是克服 R&D 行为外部性,促进企业自主创新的重要途径。构建完善的知识产权保护体系固然是促动企业创新行为的重要激励,但在法律制度短时间内难以大幅改善时,加大政府支持力度是改善企业自主创新不足状况的直接方法之一。

政府 R&D 资助能够显著促进企业创新能力提升。这是因为,政府 R&D 资助为企业创新活动提供额外的资金支持,使企业研发成本处于较为合适的水平并增强其抵御市场风险的能力。这使企业创新积极性大幅提高,同时促进企业提升创新活动效率。鉴于政府 R&D 资助对提高企业创新能力的重要意义,未来应进一步扩大政府资助的覆盖范围并加强资助力度。

政府 R&D 资助对不同规模和不同股权性质企业的 R&D 投入都存在刺激

效应,但国有企业较非国有企业更愿意进行 R&D 活动,也能得到更多创新产出。而在效率方面,虽然并不能得出具有显著性意义的结论,但仅从系数来看,政府补助对国有企业创新能力的提升要低于非国有企业。非国有企业比国有企业面临的政治任务更少,其治理结构、利润留存等方面所受到的约束也较少,具有更大的灵活性。从这一意义上说,今后政府补助应该给予非国有企业更多关注,以使创新资源配置更加有效。

实证证明当前我国财政环境仍需进一步优化,政府补贴等政府扶持工具并没有高效激励战略性新兴产业提高创新能力。因此,政府应该多渠道拓宽扶持方式,除了给予一定的税收优惠政策和扶持资金,更重要的是构建更加良好的社会创新环境。首先,完善法律法规,坚持依法治理,切实保护企业的创新成果,严格执行专利政策,严厉打击侵权等违法行为,让侵权者付出难以承受的代价,从源头上杜绝侵权、窃取专利技术等行为。其次,拓展政府扶持渠道,适时给予战略性新兴产业一定的政府采购倾斜指标,例如可以规定机关单位采购我国自主研发的办公系统等,为研发企业提供相对稳定的消费市场。最后,继续通过财政、税收等渠道降低企业成本,进而降低企业研发风险。

二、优化教育环境,加强新兴人才培养

战略性新兴产业企业的研发人员投入对企业创新能力有显著作用,即企业研发人员投入对自身创新能力的提高有积极作用。如果企业不注重对研发人员的开发,则会严重影响企业科研创新,导致创新能力降低。

战略性新兴产业企业员工教育结构的优化有利于企业创新能力提高。受过中、高等教育员工比例越大,越利于研发活动,企业创新能力自然随之提高。但从另一方面来说,过高比例的受过中、高等教育的员工必然会增加企业的用工成本费用,尤其是受过高等教育员工的比例过大对企业成本费用增加影响较大。

战略性新兴产业企业资本结构、企业规模和企业性质都在一定程度上影响了企业的创新能力。资产负债率上升到一定程度不利于企业创新能力提高,新兴产业企业大部分规模还不够大,需要靠贷款融资等金融活动维持正常运营及扩大发展。规模大的企业各方面发展都成熟,用于科研创新的资金等条件都满足,因此科研活动也较多。至于企业性质,研究结果表明,民营企业较国有企业创新能力高。

优化高校、科研机构在企业创新研发中的作用,鼓励地区高校、科研单位与企业形成多种形式的"产学研"平台有利于企业创新。深化高校及科研单位科研体制改革,由成果达标制向成果有效性转变,尝试对高校进行"去行政化"改革。优化高校、科研单位人事制度,鼓励科研人员以多种创新形式开发创新成果,例如企业给予高校科研人员股权激励等。进一步简政放权,政府要为企业和高校搭建"产学研"平台提供稳定的政策保障。

注重培育创新型人才。一是在全社会形成尊重人才、重视人才的良好社会氛围,形成全民创新的良好氛围。二是要改变计划经济时期遗留下来的用人制度,形成符合当前社会主义市场经济需要的创新型人才流动机制。三是构建高层次人才数据库,加强各经济区域人才合作和交流互动,推动人才创新能力得到充分施展。

三、优化资本市场,构建多元化融资渠道

战略性新兴产业企业内部融资能够显著促进企业创新绩效的提升。企业在利用留存收益扩大生产规模的同时,也要合理使用自有资金进行研发。

战略性新兴产业企业债务融资率不利于企业创新绩效的提高。这是因为,从金融机构角度而言,战略性新兴产业的研发活动具有高投入、高风险特点,即使技术取得突破一般也是以无形资产的方式存在,很难作为抵押担保品。银行可能出于审慎经营、控制风险的考虑而拒绝提供贷款。而金融市场不够完善也阻碍了企业通过发行债券进行融资。从企业角度而言,债务融资不仅到期要还本付息,而且运用过高的财务杠杆进行不确定性很强的研发活动会带来财务风险和破产风险。因此,要完善和拓宽债务融资渠道,加大金融

对创新研发的信贷支持，探索知识产权质押融资和资产证券化等不同的债务融资方式。

战略性新兴产业企业股权融资对创新绩效的提升起到促进作用。创业板是为高科技企业提供融资渠道、促进知识与资本结合的场所。企业融资结构中，股权融资是最主要的融资方式，也是目前在我国金融市场环境下企业所热衷的方式。一方面，企业可以根据经营情况决定是否分配股利，具有自主支配权；另一方面，研发成功带来经营绩效的提高最终由所有股东分享，因而股东也倾向于支持技术研发的投入。但过度股权融资会稀释股东权益而遭到反对。因此，为了更好地发挥股权融资对创新能力的促进作用，一方面可以优化股权结构，使股东之间相互制衡，既要避免股权过度集中也要避免太松散；另一方面可以实施股权激励计划，鼓励员工都参与到企业创新活动中。

战略性新兴产业企业在股权激励实施后的业绩较实施前的业绩有显著提升。股权激励对企业管理者起到了激励和约束作用，使企业绩效得以增长。企业股权激励比例与企业业绩成非线性关系，具有区间效应。当股权激励比例小于3%时，股权激励比例与每股收益呈显著正相关；当股权激励比例超过3%时，激励比例与每股收益呈不显著的负相关。随着股权激励比例的持续增加，公司外部环境对管理层的约束力减弱，企业业绩下滑。限制性股票激励模式对企业业绩影响较股权激励模式更为显著，前者效果要好于后者。

优化战略性新兴产业的资本市场，通过资本深化降低企业融资成本，推动研发创新。首先，完善科技企业投融资市场，例如建立科技金融中介机构、科技创新小额信贷等机构降低交易成本，借鉴日韩银行业的"供应链金融"创造信息相对对称的科技金融融资平台，引导银行、基金等资金服务于科技企业创新整个产业链。其次，央行可以创新金融政策工具，引导银行加大对战略性新兴产业的资金支持力度，降低企业资金成本，提高资金使用效率。地方政府也可以通过发行地方债券、建立区域科技企业创新发展基金等资金扶持形式鼓励企业创新研发。最后，探索借鉴发达国家推动企业创新的"企业家金融"方式，利用高科技企业的高收益作为金融部门利润来源，大力扶持各经济区域"人才主导型"科技小微企业发展，形成一批有示范作用的企业，带动周边企业提高自主创新能力。

四、完善科技创新规划,提高区域创新能力

制度环境对战略性新兴产业创新能力的影响体现在:人力资本水平(EDU)、银行金融水平(BS)、技术市场发展水平(TMD)与战略性新兴产业创新能力成正比,而政府直接扶持水平(INTERV)、非银行金融水平(NBS)、税收水平(TAX)与战略性新兴产业创新能力成反比。从不同经济区域看,北部、东部、南部沿海地区的市场环境优于其他地区,而其他经济区域政策环境更加优越。从不同省域看,各省域制度环境差异比较明显,辽宁、天津等教育环境较好,辽宁、江苏、山东等法律环境较好,北京、广东税收环境较好,福建、河南金融环境较好,广东、福建技术市场环境较好。

当前,应根据战略性新兴产业发展状况,有针对性地建立科学合理的区域科技创新发展规划,把产业创新能力纳入国家科技计划体系,促进区域自主创新。要充分调动各经济区域积极性,鼓励创新能力较强的地区率先开展提高自主创新能力改革,例如可把地方科研投入水平评价体系纳入地区政府绩效考核标准。加强对中、西部地区,尤其老、少、边、穷地区的科技企业扶持力度,鼓励地方通过激励企业自主科研创新转变经济增长方式。根据不同地区经济发展的现实情况搭建各种层次的创新平台,通过创新平台形成区域内创新研发极点。对于战略新兴产业不同产业间的差异,应该建立不同的创新政策,例如互联网企业,必须在制定政策时考虑到其高风险、高收益、技术革新较快等特征,制定区别于其他产业的相关政策。

总之,通过完善当前我国区域经济科技创新发展规划,统筹全局,促进区域内资源要素充分流动、产业布局更加合理,进而推动我国整体创新能力提高,从而实现转型升级,建立创新型国家。

本书为了研究制度环境对战略性新兴产业创新能力的影响,首先分别考察了制度环境各构成要素对战略性新兴产业企业创新能力的影响,然后将制度环境作为整体研究整个制度环境对战略性新兴产业企业创新能力的影响。这些实证研究均以战略性新兴产业上市企业为研究对象,以求规范、科学和严

谨地揭示制度环境与创新能力之间的关系,为我国战略性新兴产业创新发展提供参考意见。

　　由于受到客观因素限制和主观能力不足,研究中还存在一些局限性,主要体现在以下两个方面:一是样本选择的局限性。从样本选择的覆盖范围来看,本书选取了部分上市的战略性新兴产业企业,因而其研究结论在对所有战略性新兴产业的适用上存在局限性。从样本选择的时间范围来看,由于受到样本和数据搜集上的困难,本书研究多数采用的是截面数据进行实证分析,难免受到局限。二是指标选择的局限性。从各变量的度量上,限于研究能力和数据可得性,没有进一步作更为细致的划分。此外,影响企业创新绩效的因素很多,尽管本书所选取的各项变量指标对模型整体而言有较强的说服力和可信度,但仍然可能会有遗漏。

　　基于以上的局限性,未来研究可以从以下三方面进行深化和拓展:一是在样本的选择上,可以考虑将样本扩大至所有上市公司甚至非上市公司,扩大研究结论的适用范围。同时在此基础上可以尝试按照战略性新兴产业的七大产业进行分类研究,因为不同行业的结构特点不同也会造成研究结果差异。二是在指标的选择上,可以尝试对各变量进行更为具体的指标分解,更为细致和准确地探究其与创新绩效之间的关系。三是在模型的构建上,随着时间序列数据的出现,可以运用面板数据进行建模,以使研究结论更为可靠。

参考文献

安同良、施浩、L. Alcorta:《中国制造业企业 R&D 行为模式的观测与实证——基于江苏省制造业企业问卷调查的实证分析》,《经济研究》2006 年第 41 期。

曹洪军:《创新人才培养的条件与环境研究》,《建设创新型国家和中国高等教育的改革发展——2006 年高等教育国际论坛论文汇编》2006 年第 6 期。

陈劲、郑刚:《创新管理:赢得持续竞争优势》,北京大学出版社 2009 年版。

陈运森、朱松:《政治关系、制度环境与上市公司资本投资》,《财经研究》2009 年第 9 期。

邓向阳、曹渝:《开放式创新背景下企业智力资本与创新绩效关系研究——基于中小科技型企业的证据》,《求索》2015 年第 3 期。

邓峰:《技术创新能力与教育投资关联度研究——以新疆为例》,《技术经济与管理研究》2012 年第 4 期。

丁宝军、朱桂龙:《基于知识结构的 R&D 与技术创新绩效关系的实证分析》,《科学与科学技术管理》2008 年第 9 期。

段吟颖:《教育、人力资本与增长:基于中国空间面板数据的实证检验》,《统计决策》2011 年第 1 期。

樊绮、韩民春:《政府 R&D 补贴对国家及区域自主创新产出影响绩效研究——基于中国 28 个省域面板数据的实证分析》,《管理工程学报》2011 年第 7 期。

樊茗玥、赵喜仓:《战略型新兴产业评价模型构建及实例分析》,《技术经济与管理研究》2011 年第 10 期。

傅小勇:《基于系统论的高校科技创新体系的构建思路》,《科技进步与对策》2009 年第 16 期。

方新:《企业技术创新状况调查》,《企业管理》1997 年第 3 期。

方军雄:《我国上市公司高管的薪酬存在粘性吗?》,《经济研究》2009 年第 3 期。

高建、汪剑飞、魏平:《企业技术创新绩效指标:现状、问题和新概念模型》,《科研管理》2001 年第 9 期。

郭利华:《新常态下劳动力供求矛盾的教育培训解决路径》,《经济研究参考》2014 年第 68 期。

《国务院关于加快培育和发展战略性新兴产业的决定》,国发〔2010〕32 号。

何韧、刘兵勇、王婧婧:《银企关系、制度环境与中小微企业信贷可得性》,《金融研究》2012 年第 11 期。

胡宏兵:《教育人力资本促进经济增长的效应研究——基于抽样面板因果检验方法的实证分析》,《教育研究》2014 年第 10 期。

胡凤玲、张敏:《人力资本异质性与企业创新绩效——调节效应与中介效应分析》,《财贸研究》2014 年第 6 期。

黄健柏、谢良、钟美瑞:《我国创新型人力资本与经济增长关系的实证研究》,《科技进步与对策》2009 年第 1 期。

黄燕萍、刘榆、吴一群:《中国地区经济增长差异:基于分级教育的效应》,《经济研究》2013 年第 4 期。

黄俊、张天舒:《家族企业的会计信息——来自中国资本市场的经验研究》,《中国会计与财务研究》2011 年第 4 期。

计军恒:《基于技术创新的企业价值增长及评估研究》,西北农林科技大学博士学位论文,2007 年。

贾娜、吴丹丹:《人力资本、研发支出与企业自主创新——基于中国制造业的实证研究》,《求是学刊》2013 年第 2 期。

江静:《公共政策对企业创新支持的绩效——基于直接补贴与税收优惠

的比较分析》,《科研管理》2011 年第 4 期。

姜宁、黄万:《政府补贴对企业 R&D 投入的影响——基于我国高技术产业的实证研究》,《科学学与科学技术管理》2010 年第 7 期。

蒋波:《基于金融功能观的商业银行综合经营研究》,《南方金融》2012 年第 5 期。

蒋天颖、王俊江:《智力资本、组织学习与企业创新绩效的关系分析》,《科研管理》2009 年第 4 期。

雷俊:《论财政制度的性质及现实意义》,《现代经济探讨》2010 年第 10 期。

李德玲:《加快推进创新型企业建设的战略思考》,《企业经济》2006 年第 4 期。

李政、佟鑫:《企业家人力资本与区域经济增长差异——基于动态面板和面板门限模型的实证研究》,《社会科学研究》2012 年第 1 期。

李华晶、张玉利:《高管团队特征与企业创新关系的实证研究——以科技型中小企业为例》,《商业经济与管理》2006 年第 5 期。

李刚、陈昌柏:《企业自主创新模式选择》,《科技与经济》2006 年第 2 期。

李玲、忻海然:《产学研合作与战略性新兴产业人才开发路径探究》,《福州大学学报》2013 年第 1 期。

李平、许家云:《基于国际人力资本流动视角的中印技术创新模式比较研究》,《中国人口科学》2011 年第 3 期。

李时敏:《交易过程与交易成本》,《财经问题研究》2002 年第 12 期。

李刚、陈昌柏:《企业自主创新模式选择》,《科技与经济》2006 年第 2 期。

刘录敬、陈晓明:《基于上市公司的人力资本对企业产出影响的实证研究》,《改革与战略》2010 年第 8 期。

刘启亮、罗乐、何威风:《产权性质、制度环境与内部控制》,《会计研究》2012 年第 3 期。

刘锋:《自主创新与制度环境》,《广西大学学报》2007 年第 1 期。

吕艳、胡娟:《我国区域高等教育发展水平对区域创新的影响分析——基于我国 31 个省市自治区数据的分析》,《中国高教研究》2010 年第 10 期。

冒佩华、周亚虹、黄鑫：《从专利产出分析人力资本在企业研发活动中的作用——以上海市大中型工业企业为例证》，《财经研究》2011 年第 37 期。

孟枫平、张莉莉：《农业上市公司技术创新能力与企业价值关系研究》，《科技管理研究》2015 年 18 期。

庞明川：《转轨经济中政府与市场关系中国范式的形成与演进——基于体制基础、制度变迁与文化传统的一种阐释》，《财经问题研究》2013 年 12 期。

钱晓烨、迟巍、黎波：《人力资本对我国区域创新及经济增长的影响——基于空间计量的实证研究》，《数量经济技术经济研究》2010 年第 4 期。

秦涛：《从欧盟第七框架计划看全球科技投入趋势及对我国的启示》，《中国科技论坛》2005 年第 5 期。

任宇、孙思：《基于培训视角的企业人力资本存量研究》，《工业技术经济》2012 年第 2 期。

史本山、曹阳龙：《中国区域高等教育竞争力综合评价》，《价值工程》2006 年第 25 期。

孙文松、唐齐鸣、董汝婷：《知识溢出对中国本土高新技术企业创新绩效的影响——基于国际创新型人才流动的视角》，《技术经济》2012 年第 12 期。

孙早、宋炜：《战略性新兴产业自主创新能力评测》，《经济管理》2012 年第 8 期。

谭之博：《企业规模与融资来源的实证分析》，《金融研究》2012 年第 3 期。

唐祥来：《教育发展、人力资本投资与经济增长——基于江苏省的数据》，《经济经纬》2008 年第 6 期。

唐松、胡威、孙铮：《政治联系、制度环境与股票价格的信息含量——来自我国民营上市企业股价同步性的经验证据》，《金融研究》2011 年第 7 期。

唐清泉、罗党论、王莉：《大股东的隧道挖掘与制衡力量——来自中国市场的经验证据》，《中国会计评论》2005 年第 6 期。

童光荣、高杰：《中国政府 R&D 支出对企业 R&D 支出诱导效应及其时滞分析》，《中国科技论坛》2004 年第 4 期。

万坤扬、陆文聪：《我高校研发知识溢出与大中型工业企业创新绩效》，

《中国科技论坛》2010 年第 9 期。

王鹏飞:《外向开放式创新对创新绩效的影响研究——基于网络嵌入性的视角》,浙江大学硕士学位论文,2011 年。

王红、梁序娟:《人力资本对企业绩效的影响——基于农业上市公司的经验数据》,《企业研究》2013 年第 22 期。

王立平:《我国高校 R&D 知识溢出的实证研究——以高技术产业为例》,《中国软科学》2005 年第 12 期。

王玉冬、沈丽娜:《高新技术企业人力资本投资策略分析》,《科技与管理》2008 年第 3 期。

王同律:《技术创新与企业价值增长》,《中南财经政法大学学报》2004 年第 2 期。

王清伟、计军恒:《论技术创新及激励与企业价值》,《经济问题》2006 年第 11 期。

王铁男、涂云咪:《管理创新能力调节下技术创新能力对企业绩效的影响》,《技术经济》2012 年第 10 期。

吴淑娥、黄振雷、仲伟周:《人力资本一定会促进创新吗——基于不同人力资本类型的经验证据》,《山西财经大学学报》2013 年第 9 期。

许治、师萍:《政府科技投入对企业 R&D 支出影响的实证分析》,《研究与发展管理》2005 年第 3 期。

熊彼特著:《经济发展理论:对于利润、资本、信贷、利息和经济周期的考察》,何畏、易家详译,商务印书馆 1990 年版。

于寄语:《人力资本、教育层次与区域经济增长——基于中国 1997—2012 年省级面板数据的实证研究》,《上海经济研究》2015 年第 12 期。

于凌云:《人力资本比与地区经济增长差异》,《经济研究》2008 年第 10 期。

杨华军、胡奕明:《制度环境与自由现金流的过度投资》,《管理世界》2007 年第 9 期。

袁方:《应当加强对农村经济发展中"非经济因素"的探索与研究》,《农村经济》2010 年第 5 期。

袁庆明:《制度含义刍议》,《南京社会科学》2000 年第 11 期。

詹正茂:《我国高等教育发展水平的综合评价指数研究》,《科学学与科学技术管理》2004 年第 25 期。

张炜、杨选留:《国家创新体系中高校与研发机构的作用与定位研究》,《研究与发展管理》2006 年第 4 期。

张丽慧、罗鄂湘:《高等教育发展水平对企业创新能力的溢出效应》,《上海理工大学学报》2014 年第 36 期。

张瑜、张诚:《跨国企业在华研发活动对我国企业创新的影响——基于我国制造业行业的实证研究》,《金融研究》2011 年第 11 期。

张杰、刘志彪、郑江淮:《中国制造业企业创新活动的关键影响因素研究——基于江苏省制造业企业问卷的分析》,《管理世界》2007 年第 6 期。

张娜、杨秀云:《我国高技术产业技术创新影响因素分析》,《经济问题探索》2015 年第 1 期。

赵付民、苏盛安、邹珊刚:《我国政府科技投入对大中型工业企业 R&D 投入的影响分析》,《研究与发展管理》2006 年第 2 期。

赵秀丽:《我国战略性新兴产业发展中的政府作为研究》,山东大学硕士学位论文,2013 年。

《中华人民共和国科学技术部·国际科学技术发展报告》,科学出版社2011 年版。

郑晓:《科技类上市公司成长性评价模型及实证研究》,清华大学硕士学位论文,2005 年。

周丽、刘青:《发挥人力资本在提升企业创新能力中的作用》,《经济纵横》2011 年第 1 期。

朱平芳、徐伟民:《政府的科技激励政策对大中型工业企业 R&D 投入及其专利产出的影响——上海市的实证研究》,《经济研究》2003 年第 6 期。

朱朝晖、陈劲:《开放式创新的技术学模式》,科学出版社 2008 年版。

宗芳宇、路江涌、武常岐:《双边投资协定、制度环境和企业对外直接投资区位选择》,《经济研究》2012 年第 5 期。

Arrow, K. J., Marc Nerlove, "Optimal Advertising Policy under Dynamic Conditions", *Economica*, 1962, vol.29, pp.129–142.

Acs Z.J., Audretsch D.B., Feldman M.P., "R & D Spillovers and Recipient Firm Scale", *Review of Economics and Statistics*, 1994, vol.76, pp.336–340.

A.Ginsberg, W.Guth, "Guest, Editor's Introduction: Corporate Entrepreneurship", *Strategic Management Journal*, 1990, vol.11, pp.5–15.

Benson, C.S.and Lohnes, P.R., "Skill Requirements and Industrial Training in Durable Goods Manufacturing", *Industrial and Labor Relations Review*, 1959, vol.12, pp.540–553.

Berger & Udell.G.F., "Small Business Credit Availability and Relationship lending: The Importance of Bank Organizational Structure", *The Economic Journal*, 2002, vol.12, pp.32–53.

Baumol William, "Entrepreneur ship: productive, unproductive and destructive", *Journal of Political Economy*, 1998, vol.98, pp.893–921.

Barney J., "Firm Resources and Sustained Competitive Advantage", *Journal of management*, 1991, vol.17, pp.99–120.

Burns T., Stalker G.M., "The Management of Innovation", London: *Tavistock*, 1961.

Cardinal, L.B., Alessandri, T.M.& Turner, S.F., "Knowledge Modifiability, Resources, and Science–Based Innovation", *Journal of Knowledge Management*, 2001, vol.5, pp.195–204.

Collis, D.J.and Montgomery, C.A., "Competing on Resources: Strategy in the 1990s", *Harvard Business Review*, 1995, vol.73, pp.118–128.

Camisón, Villar-López, "Organizational Innovation as An Enabler of Technological Innovation Capabilities and Firm Performance", *Journal of Business Research*, 2014, vol.67, pp.2891–2902.

David, P.A., Hall, B.H.& Toole, A.A.(2000), "Is Public R&D a Complement or Substitute for private R & D ? A Review of the Econometric Evidence", *Research Policy*, 29, 497–529.

Davis, L.E., North, D.C., "*Institutional Change and American Economic*

Growth", Cambridge University Press, Cambridge: UK, 1971.

Dimaggio. Paul J. and Walter W. Powell, "The Iron Cage Revisited: Institutional Isomorphism and Collective Rationality in Organizational Fields", *American Sociological Review*, 1983, vol.48, pp.24-27.

Ettlie John, E., William P. Bridges and Robert D. O'Keefe (1984), "Organization Strategy and Structural Differences for Radical Versus Incremental Innovation", *Management Science*, 30, pp.82-95.

Faccio, "Politically Connected Firms", *American Economics Review*, 2006, vol.96, pp.369-386.

Guellec, D. and Van Pottelsberghe, " The Impact of Public R&D Expenditure on Business R&D", *Economic Innovation New Technology*, 2003, vol. 12, pp. 225-243.

Griliches, Z. and Pakes A., "Patents and R&D at the Firm Level: A First Report", *Economics Letters*, 1990, vol.4, pp.41-47.

Griliches, Z., Pakes, A., IIall, B.II., "The Value of Patents as Indicators of Inventive Activity", *General Information*, 1988.

Griliehes, Z. and Regev, H., " Firm Productivity in Israeli Industry 1979 - 1988", *Journal of Eeonometries*, 1995, vol.64, pp.175-203.

Griliches, Z., Lichtenberg, Frank, "Inter Industry Technology Flows and Productivity Growth: A Reexamination", *Review of Economics and Statistics*, 1984, vol. 66, pp.324-329.

Griliches, Z., "Patents Statistics as Economic Indicators: A survey", *Journal of Economic Literature*, 1990, vol.28, pp.1661-1707.

Hamberg, D., *R&D: Essays on the Economics of Research & Development*, New York: Random House, 1966.

Hong Pew Tan, David Plowman, Phil Hancock, "Intellectual Capital and Financial Returns of Companies Journal", *Journal of Intellectual Capital*, 2007, vol. 8, pp.76-95.

Hu, Albert, G. Z., " Ownership, Government R&D, Private R&D and

Productivity in Chinese Industry", *Journal of Comparative Economics*, 2001, vol. 29, pp.136-157.

Jaffe, Adam B., " Real Effects of Academic Research", *American Economic Review*, 1989, vol.79, pp.957-970.

"Korea's Science, Technology R&D to Exceed 10 Tril. Won in 2008", *Korea. net*, 2007. 8. 27. http://www. Korea. net/news/news/news View. asp? serial _ no =20070.

Kanter, R. M., *The Change Masters: Innovation and Entrepreneurship in the American Corporation*, Simon & Schuster, New York.

Khwaja & Mian, "Do Lenders Favor Politically Connected Firms The Quarterly", *Journal of Economics*, 2005, vol.120, pp.1371-1411.

Link. Albeit. N., " An Analysis of the Composition of R&D Pending", *Southern Journal of Economics*, 1982, vol.4, pp.342-349.

Lichtenberg. Frank. R., " The Effect of Government Funding on Private Industrial Research and Development: A Reassessment", *The Journal of Industrial Economics*, 1987, vol.36, pp.97-104.

Lichtenberg. Frank. R., "The Private R&D Investment Response to Federal Design and Technical Competitions", *American Economic Review*, 1988, Vol.78, pp. 550-559.

Lepak, D. P., Snell, S. A., " The Human Resource Architecture: Toward a Theory of Human Capital Allocation and Development", *Academy of Management Review*, 1999, vol.24, pp.31-48.

Lev, B. and Sougiannis, T., "The Capitalization, Amortization and Value Relevance of R & D", *Journal of Accounting and Economics*, 1996, vol.21, pp.107-38.

Lucas, R.B., "On the Mechanics of Economic Development", *Journal of Monetary Economics*, 1998, vol.22, pp.3-42.

Lundval Johnson Anderson & Dalum, "National System Soft Production Innovation and Competence Building", *Research Policy*, 2002, pp.11-15.

Mansfield, E., Lee, J-Y., "The Modern University: Contributor to Industrial

Innovation and Recipient of Industrial R&D Support", *Research Policy*, 1996, vol. 25, pp. 1047−1058.

Maldifassi, Jose O., Rodriguez, Manuel A., "The Impact of Technology Assets on Small Firms' Productivity: Empirical Findings in Chile", *International Journal of Business Performance Management*, 2005, vol.7, pp.01−02.

Myers Stewart, "Determinants of Corporate Borrowing", *Journal of Financial Economics*, 1977(5).

Oliver. Richard, *Satisfaction: A Behavioral Perspective on the Consumer*, New York: McGraw−Hill, 1997.

Steffy, B., Maurer, S., "Conceptualizing and Measuring the Economic Effectiveness of Human Resource Activities", *Academy of Management Review*, 1988, vol.13, pp.271−286.

Stigler. George J., "The Theory of Economic Regulation", *Journal of Economic and Management Science*, 1971.

Shleifer. A. and R. Vishny, "A Survey of Corporate Governance", *Journal of Finance*, 1997, vol.52, pp.31−35.

Schumpeter. J. A, *The Theory of Economic Development*, Cambridge: Harvard University Press, 1934.

Sveiby, K. E, *The Organizational Wealth: Managing and Measuring Knowledge−based Assets*, San Francisco: Berrett−Koehler, 1997.

Stopford, J. M. & Baden − Fulller, " Creating Corporate Entrepreneurship", *Strategic Management Journal*, 1994, vol.15, pp.521−536.

S Fujita, *A Strategy for Corporate Innovation*, Tokyo: Asian Productivity Organization, 1997.

Sougiannis, T., "The Accounting−based Valuation of Corporate R&D", *The Accounting Review*, 1994, vol.69, pp.44−68.

Steward, F., Fransman M., King K., *Technological Capability in the Third World*, London: Macmilan, 1984.

Tidd, *From Knowledge Management to Strategic Competence: Measuring Tech-*

nological, *Market* *and* *Organization* *Innovation*, London: Imperial College Press, 2000.

Wallsten.J.,*Do Government-industry R&D Program Increase Private R&D*: *The Case of the Small Business Innovation Research Program*, Working paper, Department of Economics, Stanford University, 1999.

关键词索引

责任编辑:郭　倩
封面设计:姚　菲
责任校对:杜凤侠

图书在版编目(CIP)数据

制度环境、创新能力与战略性新兴产业发展/刘继兵 著. —北京:人民出版社,
　2020.8
ISBN 978-7-01-021349-1

Ⅰ.①制… Ⅱ.①刘… Ⅲ.①新兴产业-产业发展-研究-中国　Ⅳ.①F269.24

中国版本图书馆 CIP 数据核字(2019)第 243620 号

制度环境、创新能力与战略性新兴产业发展
ZHIDU HUANJING CHUANGXIN NENGLI YU ZHANLÜEXING XINXING CHANYE FAZHAN

刘继兵　著

人 民 出 版 社 出版发行
(100706　北京市东城区隆福寺街 99 号)

天津文林印务有限公司印刷　新华书店经销

2020 年 8 月第 1 版　2020 年 8 月北京第 1 次印刷
开本:710 毫米×1000 毫米 1/16　印张:13.25
字数:210 千字

ISBN 978-7-01-021349-1　定价:49.00 元

邮购地址 100706　北京市东城区隆福寺街 99 号
人民东方图书销售中心　电话 (010)65250042　65289539